QUE SAIS-JE?

Histoire de la poésie française
des origines à 1940

JEAN ROUSSELOT

Quatrième édition

24e mille

QUELQUES OUVRAGES DU MÊME AUTEUR

POÉSIE

Hors d'eau, Chambelland, 1965 et 1974.
A qui parle de vie, Editeurs Français Réunis, 1972.
Du même au même, Rougerie, 1973.
Les moyens d'existence, choix 1934-1974, Seghers, 1976.
Les mystères d'Eleusis, Belfond, 1979.
Où puisse encore tomber la pluie, Belfond, 1982.
Déchants, Sud-Poésie, 1985.
Pour ne pas oublier d'être, Belfond, 1990.
Le spectacle continue, La Bartavelle, 1992.
Sur parole, La Bartavelle, 1995.

ESSAI

Tristan Corbière, Seghers, 1951.
Edgar Poe, Seghers, 1953.
Max Jacob au sérieux, Subervie, 1958.
William Blake, Seghers, 1964.
Nouveaux Poètes français, Seghers, dernière édition, 1965.
Dictionnaire de la poésie française contemporaine, Larousse, 1968.
Mort ou survie du langage, Sodi-Diffédit, 1968.

ROMAN

Une fleur de sang, Albin Michel, 1955.
Un train en cache un autre, Albin Michel, 1964.
Une pie sur un tambour, Albin Michel, 1980.
Pension de famille, Belfond, 1983.

ISBN 2 13 043461 4

Dépôt légal — 1re édition : 1976
4e édition : 1996, août

© Presses Universitaires de France, 1976
108, boulevard Saint-Germain, 75006 Paris

Chapitre Premier

NAISSANCE D'UNE LANGUE ET D'UNE POÉSIE

Ce que l'on sait le mieux n'est pas le commencement de la langue française. Comme le dit Charles Bruneau : « Notre langue n'est autre chose que du latin parlé par des Gaulois... du latin prolongé à l'état vivant. » A ce latin parlé, auquel les diverses Gaules font subir évidemment des adaptations particulières, on pourra bientôt appliquer le qualificatif de « roman ».

Les Germains, qui y surgissent au milieu du IIIe siècle, les Huns, les Scythes et autres Sarmates qui y déferlent deux siècles plus tard, bouleversent la physionomie linguistique de la Gaule aussi bien que ses mœurs et son économie. Le latin, langue de l'Eglise, et le roman auront désormais à compter avec le francique. Si les rois francs apprennent le roman et les Gallo-Romains cultivés la langue germanique et si, « pendant plusieurs siècles, l'aristocratie française a donc été bilingue » (Charles Bruneau), la Flandre, le Luxembourg et la Lorraine rompent avec le roman. Autre perte sensible, les Celtes, chassés de Grande-Bretagne par les Saxons, s'installent en Armorique, y fondent la Bretagne et en expulsent le roman.

Aux VIIIe et IXe siècles, celui-ci, enrichi (ou envahi) d'apports germaniques, commence seulement à ressembler au français que nous connaissons. Charlemagne, assisté d'Alcuin, ne fera pas peu pour donner à ce roman mâtiné de barbare son acte de baptême « francien ». Après avoir entrepris la rédaction d'une grammaire franque, il fait traduire en roman nombre de mots latins difficiles, afin que le peuple puisse suivre les offices. Dans le même temps, il est vrai, il restaure la grammaire latine. Sans empêcher pour autant que le latin ne se prononce de plus en plus couramment à la française, en appuyant sur la dernière syllabe accentuée.

On aimerait que, de tous les textes écrits en langue romane vulgaire, le plus ancien que l'on puisse citer, au seuil d'une *Histoire de la poésie française*, fût un poème. Des poèmes, à coup sûr, il s'en composa bien avant qu'il ne fût question de coucher sur le parchemin quoi que ce fût. Ceux qui furent improvisés dans notre langue naissante se sont tout bonnement perdus, faute d'avoir été écrits (seuls les clercs savaient écrire et ils le faisaient en latin) ou d'avoir bénéficié, à travers les archives, d'un bon vent qui les eût portés jusqu'à nous. Le premier texte en roman rustique qui ait eu cette fortune est donc en prose. C'est celui, noté par Nithard, petit-fils de Charlemagne, du serment solennel que les soldats de Charles le Chauve prêtèrent à leur roi le 14 février 842 à Strasbourg :

« Pro deo amur et pro christian poblo et nostre commun salvament... si salvarai eo cist meon fradre karlo. »

Quarante ans plus tard, un peu moins peut-être, un moine de l'abbaye de Saint-Amand (Nord) transcrit en vers, dans la même langue vulgaire une brève séquence latine du poète Prudence (348-410), qui sera dite tantôt *Séquence*, tantôt *Cantilène de sainte Eulalie* et fournit ainsi à notre poésie son premier berceau identifiable, sinon son prototype le plus lointain :

Buona pulcella fut Eulalia :
Bel avret corps, bellezour anima.

Voldrent la veintre li Deo inimi,
Voldrent la faire diavle servir.

Elle nont eskoltet les mal conselliers
Qu'elle Deo raneiet chi maent sus en ciel,

Ne por or, ned argent ne parament,
Por manatce regiel ne preiement.

Niule cose non la pouret omq pleier,
La polle, sempre non amast lo Deo menestier.

(Eulalie fut une bonne pucelle :
Belle de corps et d'âme encor plus belle.

Les ennemis de Dieu voulaient la vaincre
Et à servir le Diable la contraindre.

Elle n'écouta pas les mauvais conseillers
Voulant qu'elle renie Dieu qui est dans le Ciel,

Ni pour or ni argent, ni luxueux habits,
Et menace royale ou prière n'y fit.

Rien ne put la plier jamais et faire que
La doucette (1) toujours n'aimât à servir Dieu.)

A la fin du Xe siècle, soit quelque cent vingt ans plus tard, émergent de notre préhistoire poétique deux poèmes importants, également d'inspiration religieuse : *La Passion du Christ*, qui compte cinq cent seize octosyllabes, et *La Vie de saint Léger*, qui en compte deux cent quarante. Il est probable qu'il s'agit là de traductions, versifiées pour en permettre une meilleure inscription dans la mémoire populaire, de saints ouvrages latins en prose. La plupart des hagiographies qui s'écrivent à l'époque en langue vulgaire sont mises en vers

(1) L'auteur se résigne difficilement à traduire *polla* par « doucette ». Il eût mis « poule » ou « poulette » si, de nos jours l'expression n'avait une acception tantôt puérile, tantôt galante.

pour les mêmes raisons. Si l'on est frappé par leur caractère narratif, leur manque d'images et de lyrisme, on observe que ces poèmes se plient à des lois prosodiques qui, obligées qu'elles sont de tenir compte de la prononciation de la langue vulgaire, ne sont plus celles de la poésie latine, fondées sur des combinaisons syllabiques, dites « pieds » (les dactyles — une syllabe longue, deux brèves ; les spondées — deux longues ; les anapestes — deux brèves, une longue, etc.), qui donnent à telle ou telle syllabe une accentuation particulière. Dans le nouveau système rythmique, toutes les syllabes ont une même valeur et il faut que tous les vers aient le même nombre, étant donné la nécessité pour le texte de cadrer exactement avec la musique (1). La rime — ou l'assonance — et le strict découpage en couples ou en strophes renforcent encore l'adéquation du poème à la mélodie et, du même coup, confèrent à celui-ci sa musique propre dont, au fil des siècles, il finira par se satisfaire. A peu de chose près, cette strophe de *La Vie de saint Léger* est d'ores et déjà conforme aux canons prosodiques auxquels la poésie française se conformera de Ronsard à Aragon :

> Sed il nen at langue a parler
> Dieu exodist les sous pensers ;
>
> Et sed il nen at uoils carnels,
> En cuor les at espiritels ;
>
> Et sed en corps at grand torment,
> L'aneme ent avrat consolement.
>
> (S'il n'a de langue pour parler
> Dieu quand même entend ses pensers ;

---

(1) Tous les poèmes sont alors chantés ; ils le seront longtemps encore et même souvent « dansés », les noms des poèmes à forme fixe — rondeau, virelai, ballade, etc. — le disent expressément.

> Et s'il n'a plus ses yeux charnels
> Son cœur en a, spirituels ;
>
> Et si son corps a grand tourment
> L'âme en aura consolement.)

Au début du XIe siècle, une *Vie de saint Alexis*, en cent vingt-cinq strophes de cinq décasyllabes, vraisemblablement écrite dans le Vexin normand par un chanoine nommé Thibaut, l'emporte en vertu poétique sur toute la versification religieuse romane, seule ostensible en ces premiers âges où la prose elle-même est rarement profane. Elle a tant de force qu'elle survivra encore, au XXe siècle, où Henri Ghéon en tirera son *Pauvre sous l'escalier* :

> Sous l'escalier où il a son grabat,
> On le nourrit des restes du repas.
> A la misère est réduit son haut rang
> Mais il ne veut que sa mère le sache ;
> Il aime Dieu plus que tous ses parents.

Parmi les nombreuses hagiographies mises en vers au XIIe siècle, en un français qui se cherche encore, la place d'honneur revient à *La Vie de saint Thomas Beckett*, rimée par Guernes de Pont-Sainte-Maxence en vers de douze pieds, dits « alexandrins » parce que le modèle en vient du contemporain *Roman d'Alexandre*. C'est la première fois sans doute qu'une épopée s'écrit dans le même temps, ou presque, que s'accomplissent les événements qui l'inspirent, en l'espèce les démêlés de Thomas avec Henri II Plantagenêt. Et c'est aussi la première fois que la poésie romane prend une pareille ampleur, dramatique et passionnée :

> *Alors saint Thomas voit que son martyre est proche :*
> *Joint ses mains sur sa face et s'en remet à Dieu.*
> *A saint Denis martyr, que douce France honore,*
> *Et aux Saints de l'Eglise, il recommande alors*
> *Sa personne, sa cause et celle de l'Eglise.*

Un siècle auparavant, toutefois, mais en divers dialectes méridionaux, d'autres hagiographies dignes de mémoire avaient été composées. Notamment une *Vie de sainte Foy* et une *Vie de Boèce*. Il faudrait à ce propos insister sur la progressive séparation linguistique de la Gaule en deux « parlers » — l'*oui* et l'*oc* — dont la frontière se situait au XIIe siècle bien plus au nord qu'aujourd'hui (elle passait par Poitiers, notamment) et ce serait pour déplorer l'appauvrissement que ce divorce entre des cultures faites pour s'interpénétrer leur a fait subir, les plus convaincants parallélismes entre troubadours et trouvères n'étant à cet égard que consolations posthumes.

Avec les chansons de geste qui apparaissent aux XIe et XIIe siècles, il ne s'agit plus d'hagiographies mais de récits historiques versifiés, inspirés de faits réels que l'imagination populaire, la faconde des rédacteurs — qui, selon Joseph Bédier, sont des moines — et celle des trouvères et troubadours (1) transfèrent sur un plan légendaire. Ces faits réels, ce sont par exemple les invasions sarrasines qui ont commencé au VIIIe siècle et que la victoire de Charles Martel n'a que momentanément interrompues. Avec elles, ce ne sont pas seulement des mots arabes ou espagnols et des propositions philosophiques, propres à l'islam ou renouvelées des Grecs, qui sont entrés dans le vocabulaire et la pensée romanes. C'est aussi une ornementation stylistique et une buée surréelle grâce auxquelles nos poètes confèrent un caractère décoratif et des dimensions mythologiques à des événements et à des héros pourtant parfaitement identifiables (2).

L'anonyme *Chanson de Roland*, destinée comme toutes les autres chansons de geste à être chantée (3), est le plus haut amer qui nous permette une ap-

---

(1) Trouvères et troubadours « trouvent », c'est-à-dire inventent (*tropare* en latin populaire) paroles et mélodie. Autre étymologie possible, les « tropes » (du grec *tropos*) dont ils usent : métaphores, métonymies, etc.

(2) C'est ainsi qu'ils inventent une trinité païenne correspondant à la trinité chrétienne et, comme on le voit notamment dans la *Chanson de Roland*, ne différencient guère les mœurs, les préoccupations, la stature et le langage des émirs de ceux des nobles carolingiens.

(3) Avec accompagnement de vielle ou de violon, sur un air qui reste le même pour tous les vers mais qui, à la fin de chaque laisse, comporte une note particulière, comme une sorte de respiration ou de cul-de-lampe suppléant à l'absence de ponctuation.

proche de la poésie française de ce temps. Elle fut vraisemblablement composée entre 1090 et 1130 ; Taillefer la déclama au combat d'Hastings, s'il faut en croire le dernier vers, et c'est un manuscrit d'Oxford qui en a recueilli le texte. Nous n'allons pas résumer les hauts faits de Charlemagne « au chef tout fleuri », de Roland le Preux, d'Olivier le Sage, la traîtrise de Ganelon. Plutôt dire que leur récit est un modèle de simplicité et de grandeur et qu'on y trouve à la fois une apologie de la chrétienté, une illustration de la chevalerie, un tableau complet de la vie féodale, une exaltation du sentiment patriotique et, enfin, ce qui tranche avec le dédain des hagiographies pour le cadre naturel, une espèce de connivence affectueuse avec les éléments :

> En France il y a une étrange tourmente :
> C'est un orage de tonnerre et de vent...
> Il n'est maison où quelque pan ne croule.
> Malgré midi il y a grandes ténèbres...
> Beaucoup disent : « C'est la fin de tout,
> La fin du monde qui se présente à nous. »
> Ils ne le savent et ne disent pas vrai :
> C'est le grand deuil pour la mort de Roland (1).

On est accoutumé à diviser en trois catégories les chansons de geste. A la première se rattachent toutes celles qui ont pour thème la vie et les actions de Charlemagne et de ses barons, et pour moteur un esprit de croisade ; entre autres le *Pèlerinage de Charlemagne*, où le roi des Francs est tantôt moqué, tantôt sanctifié, et les gestes de Girard de Roussillon ou de Raoul de Cambrai, où la révolte des barons est franchement traitée.

Le deuxième cycle groupe les récits en vers qui s'inspirent de l'Antiquité, à commencer par *Le Roman d'Alexandre*, déjà cité, œuvre d'Albéric de

---

(1) Trad. Albert Pauphilet.

Briançon, en continuant par *Le Roman de Thèbes*, *Le Roman d'Enéas* et l'interminable *Roman de Troie* de Benoît de Sainte-Maure. Ici encore, l'imagination prend des libertés extrêmes avec une histoire déjà embrumée de légende. Qu'il s'agisse d'Enéas, d'Hector ou d'Alexandre, l'espace et le temps où s'accomplissent leurs exploits n'ont pas de limites précises et les créatures qui les entourent sont à la fois humaines et fabuleuses.

Si l'influence germanique et l'influence judéo-arabe sont particulièrement sensibles dans les chansons de geste du premier cycle et si celle de l'Antiquité règne sur le second, l'inspiration celtique s'exerce à fond dans le troisième — dit, précisément, « cycle breton ». La conquête de l'Angleterre par les Normands ne crée pas seulement une unité politique, religieuse et architecturale ; elle fait s'interpénétrer des légendes nées aussi bien dans notre Armorique que dans la Cornouailles ou le pays de Galles et provoque la naissance d'une littérature anglo-normande. Gustave Cohen a raison : « La Manche n'a pas été une barrière mais un trait d'union. » Ce trait d'union subsistera jusqu'au XIVe siècle. Beroul, qui est Normand, Thomas qui est Anglais, Marie de France et Chrétien de Troyes écrivent dans la même langue et puisent dans le même trésor, nimbé tout à la fois de vapeur mystique et de chaleur sensuelle.

Ce trésor peut être divisé en deux parties. Dans la première on groupera tous les romans « arthuriens » ou « de la Table ronde », dont le roi Arthur, son neveu Mordred, qui l'occit par traîtrise, et sa sœur la fée Morgane, qui leur donne pour vivant sépulcre l'île d'Avallon, sont les principaux acteurs. On a vu là à juste titre en Arthur une sorte de Charlemagne britannique et dans sa fameuse épée, Escalibor, quelque chose comme la Durandal ou la Joyeuse de Roland. On peut en tout cas comparer la mission religieuse et patriotique de l'empereur d'Occident à celle d'Arthur, qui est de délivrer le sol breton. Main mystérieuse qui sort de l'eau pour s'emparer d'une épée, cortège de fées, naissances mystérieuses et prophéties, les romans arthuriens ont un caractère fantastique et poétique peut-être plus marqué que les romans carolingiens. A cet égard, on les rapprocherait de ceux du cycle antique. Il faut dire que Chrétien de Troyes, principal ouvrier du genre, avait commencé par composer des romans à l'antique et que, se lançant dans le cycle breton avec *Erec et Enide*, puis avec *Lancelot* ou *Le Chevalier à la charrette* et *Yvain* ou *Le Chevalier au lion*, il y pratiqua sa même verve créatrice, dont le goût du mystère et l'imagination fabulante sont, avec une mystique, une « courtoise » adoration de la Femme, les ressorts essentiels.

Les romans consacrés à la légende du Saint-Graal (que Joseph d'Arimathie aurait enterré quelque part en Cornouailles ou en Somerset) sont étroitement liés à ceux de la Table ronde proprement dits. Chrétien de Troyes mourra avant d'avoir achevé son *Perceval* ou *Le Conte du Graal* (il le sera par Gerbert de Montreuil), mais nombre de contemporains et d'héritiers du poète champenois traiteront le même thème.

Les uns et les autres fondent pareillement en une même geste les aventures fabuleuses du roi Arthur et la légende de *Tristan et Yseut*, également recueillie dans l'Angleterre devenue normande et qui alimente tous les romans de la deuxième partie du trésor poétique que nous avons tenté plus haut de définir. Les *Fables* et surtout les *Lais* de Marie de France s'assimilent d'eux-mêmes aux romans bretons, ne serait-ce que parce que Tristan et Yseut s'y nouent ensemble, comme à l'arbre le chèvrefeuille :

Ni vous sans moi, ni moi sans vous.

Et, bien sûr, toutes les chansons de geste offrent des points communs. Toutes transforment un substrat réel en une substance mentale qui échappe aux lois de la logique et de la pesanteur. Toutes transforment le simple récit discursif de ce qui a été, ou aurait pu être, en un dire, non seulement scandé et rimé, mais allégorisé, figuré, où s'opère une sélection plus ou moins soucieuse des mots, des idées et des sentiments. En toutes déjà s'exerce « l'artifice à part » des poètes, dont Ronsard se fera le héraut quatre siècles plus tard. Autres points communs entre tous ces vieux romans, la place de plus en plus grande qu'y prend la Femme. Si l'on peut compter sur les doigts de la main les figures féminines qui apparaissent dans *La Chanson de Roland*, les filles-fleurs abondent dans les romans du cycle d'Alexandre, les romans arthuriens de Chrétien de Troyes font autant d'honneur à la poésie amoureuse qu'à la poésie héroïque et l'admirable Yseut elle-même n'hésite pas, en termes crus s'il le faut, à rappeler qu'elle est de chair :

> De ces deux-là je fais l'aveu :
> Et mon époux et le lépreux.
> Comme sur son cou me portait,
> Entre mes cuisses il entrait.
> Si vous voulez que plus en fasse,
> Je m'y tiens prête à cette place.

En outre, et il est important de le souligner, les divers romans qui s'écrivent en langue d'oïl rencontrent tous la poésie de langue d'oc, dont Marcabru, Guilhem de Poitiers, Bernard de Ventadour, Jaufré Rudel et Bertrand de Born sont les représentants majeurs, sous le signe d'un « amour courtois » qui confond bien souvent l'*odore di femina* et l'odeur de sainteté. En cela aidées par les festivités et déplacements des grands de l'époque et l'appel fait en ces circonstances aux trouveurs du Nord et du Midi, toutes les poésies d'alors s'influencent mutuellement et concourent à créer une véritable casuistique amoureuse en même temps qu'une cristallisation du pur dessein de poésie. Sur ce dernier point, Guilhem de Poitiers (1071-1127) annonce déjà Mallarmé et ses héritiers les plus intraitables :

Farai un vers de dreyt nien
(Je ferai vers sur pur néant)

Avec *Aucassin et Nicolette* (notons en passant qu'Aucassin est l'Alkassin arabe), le roman des amours contrariées descend des hauteurs épiques et va même jusqu'à tourner celles-ci en aimable dérision. « Qu'ils se marient seulement s'ils savent tisser ensemble », dira de nos jours Henri Michaux. Ainsi font les deux héros de la chantefable... Même sens pratique, même malice dans le *Roman de Renart*, dont les origines sont dites germaniques par les uns, ésopiques et orientales par les autres, qui est une mosaïque de menus fabliaux rassemblés au début du XIIIe siècle et vraisemblablement écrits par de nombreux conteurs un siècle environ plus tôt. Si ces derniers se font volontiers satiriques, jusqu'à ridiculiser la société féodale, certains de leurs contemporains ou successeurs se feront, eux, franchement grivois, voire obscènes. Nous voilà bien loin des édifiantes hagiographies d'hier !

Si l'auteur anonyme du *Fabliau de Richeut* s'en prend à son tour à l'esprit chevaleresque et courtois avec une violence qui impressionne ; si Colin Muset ose employer des accents familiers et, dans le même temps, de grande science verbale, pour s'adresser à de hauts personnages dont il attend pourtant sa subsistance ; si Thibaut de Champagne et Gillebert de Berneville (1), fidèles quant à eux à la courtoisie amoureuse, nous peuvent toucher encore par leur art du raccourci et leur musicalité, ils sont dominés de haut par Rutebœuf, de qui l'on ne sait à peu près rien, sinon qu'il était de Paris, qu'il s'y maria deux fois (la deuxième en 1261) et y mourut vers 1280. Le premier grand poète de notre langue, c'est lui. Ni courtoisie ni mignar-

---

(1) Ce dernier redécouvert de nos jours par Maurice d'Hartoy.

dise, dans ses vers. Et, même, fort peu d'allusions à l'amour. En revanche, une énergie, une âpreté viriles, un verbe ramassé, une façon passionnée de se colleter avec les réalités les plus dures, qui sont son ordinaire de ménestrel affamé :

> Si Rutebœuf rudement rime
> Et si rudesse en sa rime a,
> Prenez garde qui la rima.
> Rutebœuf qui rudement œuvre...
> Est aussi rude comme bœuf (1).

Aussi bien le meilleur de tout ce que Rutebœuf nous a laissé — quelque quatorze mille vers — a-t-il un caractère autobiographique qui, tout de même qu'il annonce Villon, justifie par avance le : « insensé, qui crois que je ne suis pas toi » de Hugo. Poésie personnelle, donc, mais où la rigueur des temps pour les pauvres et les obscurs est dénoncée et combattue au nom de tous et non d'un seul (2). Et cela aussi est bien nouveau. L'auteur du *Miracle de Théophile* et de *Renart le Bétourné*, qui ne craint pas de s'en prendre aux puissants de tout poil, à commencer par les princes de l'Eglise, ne chante jamais si bien que lorsqu'il s'adresse à ses frères humains, réclame leur chaleur ou déplore leur perte. Que des vers comme :

> Que sont mes amis devenus
> Que j'avais de si près tenus
> Et tant aimés...

aient pu, de notre temps, chantés par Joan Baes ou Léo Ferré, devenir aussi populaires que les chansons de ce dernier ou de Georges Brassens — qui doivent tant, en vérité, à Rutebœul et à Villon — suffit à prouver que le poète qui ne

---

(1) Transcription de Serge Wellens.
(2) « Un vrai miroir de son siècle », dira Régine Pernoud.

s'enferme pas dans une tour d'ivoire a des chances de rester « moderne » à jamais.

Dans *La Grande Clarté du Moyen Age*, Gustave Cohen a vivement combattu la thèse, fort longtemps accréditée par l'histoire officielle, selon laquelle le Moyen Age fut celui de la pesanteur et de l'obscurité intellectuelles. Les chamarrures féeriques de nos vieux romans, la promotion qu'on y voit accorder à la femme, à la vie des sens, l'esprit satirique et même contestataire qui se donne libre cours chez les rimeurs contemporains de Saint Louis illustrent à merveille le propos de Gustave Cohen. Il s'agit bien de lumière quand il y a ouverture de l'esprit à l'irrationnel, remise en cause des mœurs et des lois, invention verbale librement exercée, jusqu'à chavirer dans l'absurde. A cet égard, les « fatrasies » que les poètes composent aux XIIIe et XIVe siècles pour servir d'intermèdes au cours des longs mystères dramatiques joués sur les parvis, sont tout bonnement du surréalisme avant la lettre. Jehan Bodel d'Arras, le poète lépreux, à qui l'on doit une *Vie de saint Nicolas*, curieuse pièce en vers où l'on ne sait qui vit, qui rêve, et Philippe de Beaumanoir excellèrent dans ce genre de poésies systématiquement déraisonnables :

> Un ours emplumé
> Fit semer un blé
> De Douvres à Ouessant

A peu près dans le même temps s'écrivait le *Roman de la Rose*, commencé par Guillaume de Lorris vers 1225 et poursuivi quelque cinquante ans plus tard par Jehan de Meung. Les deux poètes étaient, l'un et l'autre, de très jeunes hommes du pays de Loire, mais, en un demi-siècle, il avait passé bien de l'eau sous les ponts. Cela suffit à expliquer que, donnant aux 4 068 vers de son prédécesseur une suite qui les quintuplera, Jehan de Meung en renouvelle à peu près radicalement l'esprit. Guillaume de Lorris s'inspirant à la fois de *L'Art d'aimer* d'Ovide, des romans de Chrétien de Troyes et de toutes les contemporaines variations poétiques sur le thème de l'amour courtois, avait écrit une sorte de conte allégorique dont les personnages ont nom Pitié, Raison, Franchise, Bel Accueil, Jalousie et Médisance, qui a pour cadre le château du Dieu d'amour et pour thème la conquête de la Rose, c'est-à-dire de la Femme. Jehan de Meung, ne continuant cette intrigue fleurie que pour la forme, se lance dans des digressions fort longues, dont la nécessité dans le corps du poème lui importe assez peu dès lors qu'elles lui permettent d'exprimer sa pensée sur le monde physique, moral et social de son temps. Non sans faire étalage de ses lectures considérables dans toutes les disciplines, Jehan de Meung saisit le réel à bras le corps, envoie promener la poésie courtoise, souligne que l'homme a prise sur la nature et sur son propre destin, crée avec Faux-Semblant un prototype de Tartuffe, chante son amour du peuple et ne se gêne d'aucune façon pour dire aux grands le peu de cas qu'il fait de leur grandeur :

> Les princes ne méritent pas
> Qu'un astre annonce leur trépas
> Plutôt que la mort d'un autre homme.
> Leur corps ne vaut pas une pomme
> De plus qu'un corps de charretier,
> Qu'un corps de clerc ou d'écuyer.

Sans doute Jehan de Meung n'a-t-il pas les suavités expertes de Guillaume de Lorris. En revanche, il a le verbe dru, nerveux, la force d'inscription et de conviction qu'il faut pour être de son temps et pour durer. Ce précurseur de Rabelais, de Molière et de Voltaire peut encore nous enseigner.

Chapitre II

DU SAVOIR-FAIRE AU LYRISME

Le XIVe siècle n'a pas la verve du XIIIe et l'on n'y voit point apparaître de poètes aussi considérables que Rutebœuf ou Jehan de Meung. La fin de la chevalerie, la limitation des privilèges de la féodalité, la naissance d'un pouvoir royal rationnellement organisé, les avatars de la guerre de Cent Ans répercutés à tous les degrés de la vie sociale, rendent pareillement caduques la poésie courtoise et les fabulations légendaires. Les poètes ne font guère, pendant de nombreux lustres, que se servir des procédés de leurs prédécesseurs. Les petits maîtres abondent. Les formes fixes sont d'autant plus pratiquées qu'elles requièrent moins de génie que d'habileté. Tout devient codification, rhétorique, virtuosité. Né avec le siècle, Guillaume de Machaut, par ailleurs grand musicien, reprend dans son *Dit du Verger* et dans son *Dit de la Fontaine amoureuse* les principes allégoriques mis en œuvre par Guillaume de Lorris dans le *Roman de la Rose* et fait preuve d'une science stylistique et prosodique extrême. Eustache Deschamps, qui vient au monde une quarantaine d'années plus tard, est peut-être encore plus savant et a, en outre, la fibre pédagogique, comme en fait foi son *Art de dicter et de faire ballades et chants royaux*. Il trouve cependant de beaux accents pour dénoncer la corruption, décrire la vie quotidienne, exprimer son pessimisme foncier :

> Tout se détruit et ne sait-on comment.

Christine de Pisan et Alain Chartier méritent mention, à la charnière du XIVe et du XVe siècle. En cette langue française qui est celle du roi, de la Cour et des lettrés, mais qui reste encore imprégnée d'influences picardes, champenoises, lorraines, etc., ils font grand usage, certes, des « épiceries » raffinées dont Guillaume de Machaut fut le principal manipulateur, mais dans *Le Trésor de la Cité des Dames*, la première trouve des mots simples et émouvants pour louanger son sexe, et Chartier, s'il n'est pas le grand poète que ses contemporains voient en lui, possède une telle science de la langue et du vers, qu'il crée parfois de précieux bibelots sonores.

Il faut pourtant attendre Charles d'Orléans (1391-1465), neveu de Charles VI, pour voir apparaître un poète digne d'admiration. Fait prisonnier à la bataille d'Azincourt, à vingt et un ans, il va rester un quart de siècle captif en Angleterre. La poésie devient sa seule raison de vivre et le demeurera jusqu'à sa mort. Subtil dialecticien du cœur, prosodiste soigné qui semble se jouer des extrêmes difficultés propres aux formes fixes, il est le plus direct et en même temps le plus nuancé des poètes qu'il convie, dans son château de Blois, à s'affronter en concours amicaux, entre autres celui auquel il donne pour thème un de ses vers :

> Je meurs de soif auprès de la fontaine.

Que son cœur soupire après la patrie lointaine, le « Trescrétien, franc royaume de France », qu'il cherche à définir un état de conscience ou quelque sentiment complexe, qu'il chante la beauté de la nature ou la douleur d'être

> Comme cassé des gages de Jeunesse,

ce poète, qui dit « Je » même lorsqu'il sacrifie au système allégorique en vogue chez ses prédécesseurs (Mélancolie, Penser, Espoir, Nonchaloir, Désireux Vouloir, etc.), écrit dans sa belle langue de Loire, plus épurée que le français ne l'est partout ailleurs, des poèmes qui parlent à tous et ne vieilliront pas :

> Plus penser que dire
> Me convient souvent
> Sans monstrer comment
> N'a quoy mon cueur tire.

François Villon (1431-1463) qui, lui aussi, dit « Je », incarne une humanité plus concrète que celle dont Charles d'Orléans se fait le porte-parole. Cette humanité, c'est celle qui peine et ne mange pas toujours. Celle aussi — et c'est souvent la même au royaume d'argot dont Villon est le prince — des gueux et des mendiants, des rôdeurs et des prostituées. Le contexte économique, social et religieux, qui n'est souvent qu'une marge plus ou moins vague dans l'œuvre des poètes, s'intègre si fortement à l'œuvre de Villon qu'il en est à la fois le prétexte et le texte. Le plus illustre des « mauvais garçons » de notre poésie sait de quoi il parle. Recueilli en 1438, à la mort de sa mère, par un ecclésiastique de ses parents, il prend le nom de celui-ci (on ne sait s'il s'appelait Moncorbier ou des Loges à l'origine), fait grâce à lui de solides études et obtient le diplôme de licencié maître ès arts. Mais il ne se plaît qu'en la compagnie des ribauds et ribaudes, fait les quatre cents coups, vole, se bat. En 1455, au cours d'une rixe, il tue un prêtre, s'enfuit, erre quelque temps en Anjou avec quelques larrons de son acabit, les « coquillarts ». Gracié, il rentre à Paris, y compose son *Petit Testament*, puis cambriole le collège de Navarre et doit reprendre le large. On le retrouve à Blois, auprès de Charles d'Orléans, puis, à la suite de nouveaux méfaits, dans les prisons d'Orléans et de Meung-sur-Loire. L'année d'après (1462), revenu à Paris, il écrit le *Grand Testament*, recommence à courir les « bourdeaux » et à cambrioler. Condamné à la pendaison, il voit sa peine commuée en dix années de bannissement. Que devient-il alors ? On perd sa trace. Mais l'œuvre est là, nombreuse, musclée, palpitante, tout armée pour affronter victorieusement les siècles. Et peut-être n'y eût-il pas eu d'œuvre du tout, si son auteur s'était « à bonnes mœurs dédié », ce qui lui eût valu « bonne maison et couche molle ». Villon, en clerc fort savant qu'il demeure, ne manque pas de truffer ses vers de références mythologiques, mais il a une manière — ce sera celle, aussi, de Rabelais — de les agréger à sa mythologie personnelle, qui n'est pas d'un cuistre ou d'un rhétoriqueur. Pour lui, Hélène de Troie et la « grosse Margot » ne font qu'un seul et même

> Corps féminin qui tant est tendre
> Poly, souaf, si précieux.

Au demeurant, les sentiments qu'il leur voue et, surtout, la vibration lyrique de ces sentiments ont plus d'importance qu'elles-mêmes. Villon — et en cela il est très proche d'une conception de la poésie dont les poètes modernes se peuvent réclamer depuis Verlaine et Laforgue — tire sa vertu de la diction particulière qu'il imprime à son dire, diction tout en nuances à la fois spirituelles et sensorielles qui chargent le mot et la phrase de significations infiniment plus profondes que celles qu'on peut attendre du discours le plus parfait. Et cela, quel que soit son thème, sérieux ou drolatique, de pure circonstance ou d'essentielle réflexion sur la chair « que trop avons nourrie », l'amour, la destinée extra-terrestre des humains. Sa ferveur, qu'il veut aussi naïve que celle de son humble mère, mais exprime en imagier accompli :

> Femme je suis povrette et ancienne,
> Qui riens ne say ; oncques lettres ne lus.
> Au moustier voy, dont suis paroissienne,
> Paradis paint, où sont harpes et luths...

sa charité et son sentiment d'être en fraternité avec les morts et les vifs de son temps et de l'avenir :

> Frères humains, qui après nous vivez
> N'ayez les cueurs contre nous endurcis...

l'incrustent dans notre conscience autant que dans celle de son époque. Ce grand poète du Moyen Age est des nôtres.

A côté de lui, Jean Régnier, Jean Robertet, Jean Molinet, Arnoul Gréban — même si chez le premier, son aîné de quarante ans, il a pu trouver un prototype de ses *Testaments* — font figure de bons artisans. On ne peut nier cependant l'extrême humanité de Molinet, bien qu'il s'embarbouille d'une rhétorique excessive, ni la force dramatique et l'espèce de rugueuse tendresse que Gréban met dans son *Vrai Mystère de la Passion*, qui fait accourir les foules en 1452 sur les parvis d'Abbeville et de Paris :

> *Mon fils, mon fils je vous veux supplier,*
> *Mon doux enfant, mon bienheureux loyer*
> *Est-ce bien fait de sa mère oublier*
> *En tel manière ?*

Chapitre III

LA RENAISSANCE
EST LE TRIOMPHE DE LA VIE

Le Moyen Age et la Renaissance ne s'opposent point comme les ténèbres et la clarté. La seconde, dont le nom ne s'officialisera vraiment que sous la plume des historiens et critiques contemporains du Romantisme, est sortie tout armée du premier, plus exactement de son dernier siècle, particulièrement nourri d'Antiquité, illuminé de hautes figures « humanistes » au plein sens du terme et ponctué d'inventions et découvertes — l'imprimerie, l'Amérique — qui modifient radicalement les rapports de l'homme avec l'écriture, l'espace et l'économie.

S'il est excessif de croire, comme René Guy Cadou, que « les hommes de la Pléiade, venant après Rutebœuf et Villon, n'ont fait qu'ajouter quelques roses à ces églantiers des haies, dont la personnalité et les épines tachaient déjà du rouge de la révolution la robe de jeune fille de notre poésie française », on est tout à fait fondé à leur reprocher de n'avoir pas inventé grand-chose sur le plan formel — tous les mètres et strophes dont ils usent leur viennent des trouvères du XIIIe siècle et des poètes-théoriciens des XIVe et XVe siècles — et l'on a beau jeu d'observer que la nouveauté qu'ils apportent se démêle assez mal de l'héritage qu'ils ont reçu. Leur façon de récupérer les dieux et les héros antiques consiste souvent à les christianiser. Leur Bible reste le *Roman de la Rose* amphigourique et charmant. Ronsard fait ses classes chez Lemaire de Belges (1473-1525), qui est un des derniers grands rhétoriqueurs et un spécialiste de la résurrection des dieux et des déesses. Quant à la tradition médiévale, elle est si peu étouffée par la Pléiade que, dans le temps même où Joachim du Bellay écrit sa *Défense et illustration de la langue française* (1549), elle inspire un roman de chevalerie, *Amadis de Gaule*, qui connaît un énorme succès, et nourrit en grande partie les tragédies d'un Théodore de Bèze ou d'un Robert Garnier, concurremment représentées avec de vieux Mystères auxquels le public garde toute sa faveur.

La nouveauté, qui n'eût point pris tant d'ampleur si ceux qui la produisirent n'avaient été des poètes de génie, c'est une joie provocante de vivre, une éclatante jeunesse, une façon quasi téméraire d'appréhender le monde au nom d'une connaissance neuve. Tout arrive, au demeurant, sinon du même coup, du moins dans un laps de temps fort bref qui coïncide avec la naissance de la monarchie absolue, les jeux et les ris de la vie de Cour, la multiplication des imprimeurs, la paix religieuse et civile, le remplacement du latin par le français dans tous les actes et documents de justice. En moins de trente ans, de 1530 à 1560 à peu près, Scève, Ronsard et du Bellay, pour ne nommer qu'eux, donnent le meilleur de leur œuvre. Après quoi, les événements qui déchirent la France suffiraient largement à le justifier, on ne peut plus parler de « Renaissance ».

On en peut déjà parler avec Mellin de Saint-Gelais (1487-1858) dont les sonnets sont des premiers, sinon les premiers qui furent écrits en France après leur importation d'Italie. Poète officiel, dont bien des textes sont de pure circonstance, il n'est pas seulement gracieux et gentil. Décasyllabes et alexandrins prennent avec lui une espèce d'élégance mathématique qui doit beaucoup à une parfaite intelligence de la langue française et de ses harmoniques :

> Voyant ces monts de vue aussi lointaine,
> Je les compare à mon long déplaisir :
> Haut est leur chef et haut est mon désir,
> Leur pied est ferme et ma foi est certaine.

Clément Marot (1496-1544), lui aussi, a déjà un pied dans la Renaissance. Un pied seulement car, tout comme Mellin de Saint-Gelais, Bonaventure des Périers, Lefèvre d'Etaples et autres notables poètes qu'accueille, à sa Cour de Nérac, Marguerite de Navarre, sœur de François Ier, et comme le charmant poète qu'elle est elle-même dans les *Marguerites de la Marguerite des princesses*, Marot reste fortement attaché à une rhétorique hypersavante qui n'a pas grand-chose à voir avec le lyrisme. Certes, Marot ressent profondément l'influence néo-platonicienne et pétrarquisante qui imprègne cette espèce de principauté humaniste et courtoise dont Marguerite est la souveraine bienveillante ; certes — et ses lectures et son séjour en Italie, où ses tendances réformistes le forcent à s'exiler entre 1532 et 1536, y seront pour beaucoup — il devient l'un des plus grands connaisseurs de l'Antiquité, mais il est par trop rationnel et trop épris de sa propre virtuosité pour s'enivrer du monde nu, païen, épique dont l'humaniste Dorat a donné les clefs à Ronsard et ses amis. Il advient cependant que ce poète sans lyrisme se comporte envers les mots avec autant d'audace qu'envers les prescriptions religieuses et, de Max Jacob à Jean l'Anselme, les poètes du XXe siècle qui ont donné ses lettres de noblesse poétique au calembour peuvent reconnaître en lui un précurseur :

> Tant rithmassa, rithma et rithmonna
> Qu'il a connu quel bien par rithme on a.

Les mêmes, il est vrai, trouveraient infiniment plus à prendre et à admirer à cet égard chez François Rabelais (1484-1553) dont toute l'œuvre est illuminée de feux d'artifice verbaux et à qui il suffirait d'avoir rythmé et rimé l'*Inscription mise sur la porte de l'abbaye de Thélème* pour tenir, dans toute anthologie de la poésie française, une place qu'on lui refuse généralement parce qu'il a surtout écrit en prose.

Rabelais, nous le trouvons associé à maints cénacles et lieux de rencontre provinciaux qui, concurremment à la Cour de François Ier et à celle de Marguerite de Navarre, dont ils n'ont ni le luxe ni le prestige, élaborent à leur façon la nouvelle poésie française dans le creuset antique, avec d'autant plus de liberté qu'ils sont éloignés de Paris, de la faveur épineuse des Grands et des querelles de Sorbonne. Rabelais est en bonne compagnie, par exemple à Poitiers avec Jean Bouchet, qu'il retrouve aussi à Ligugé, chez les moines, et à Fontenay-le-Comte, chez le jurisconsulte Tiraqueau.

A Poitiers (où étudiera Joachim du Bellay et d'où prendront leur essor vers quelque coin du firmament de la Pléiade un Jean de la Péruse, un Vauquelin de La Fresnaye et un Jacques Tahureau) et à Fontenay-le-Comte, qui voit naître en 1535 Nicolas Rapin, futur coauteur de la *Satire Ménippée*, il faut adjoindre maints autres cercles poétiques — dans le val de Loire, notamment, mais aussi à Toulouse — dont l'implantation provinciale assure un substrat terrien, national au « bel aubépin » dont la Renaissance française est allé chercher des boutures en Italie.

Avec les poètes de Lyon, on ne peut plus parler de « cercle », mais d'un véritable mouvement, sinon d'une école. Pour Maurice Scève (1511-1564) et ses compagnons des deux sexes, Pétrarque est un tout proche parent, la latinité, un voisinage qui défie la chronologie, et le Quattrocento une toile de fond quasiment tangible. Dans son amour pour Pernette du Guillet (1521-1545), Maurice Scève aura d'autant moins de peine à voir un recommencement de celui de Pétrarque pour Laure, que le célèbre auteur du *Canzoniere* s'est venu promener sur le Ventoux et que la tombe présumée de son inspiratrice est à deux pas, quelque part en Avignon. Certaines brumes gris perle, enfin, occultent pareillement la jonction du Rhône et de la Saône et la diction raffinée, méandrique et murmurée de Scève et de ses amis.

On a voulu voir dans le nom de Délie, qui est à la fois le titre du chef-d'œuvre de Maurice Scève et le nom de son héroïne, un anagramme de « l'idée ». Pour Albert-Marie Schmidt, il faut voir en Délie la fille de Délos et la sœur d'Apollon ; en elle s'incarnent les trois faces, terrestre, céleste et infernale, de la féminité. Quoi qu'il en soit, ce qu'on goûte en *Délie*, c'est beaucoup moins la casuistique amoureuse, vaguement teintée de masochisme, qui s'y développe à l'infini (non sans sacrifier à certaine influence des grands rhétoriqueurs) que les harmoniques subtiles, diaprées, ramifiées à l'extrême entre l'entendement et la sensation pure, d'un langage poétique qui puise l'essentiel de son charme en lui-même. On a dit à juste titre que Maurice Scève contient en germe Mallarmé, Valéry et René Char. Grand maître du décasyllabe, dans lequel il dessine des « blasons du corps féminin » à rendre jaloux Marot :

> Gorge qui est une armoire sacrée
> A chasteté déesse consacrée
> Dedans laquelle la pensée pudique
> De ma maîtresse est close pour relique...

Scève se montre non moins expert dans le maniement de l'alexandrin. En particulier dans le *Microcosme*, où il recommence en humaniste, dans le sens de l'espoir et du progrès, l'histoire du premier couple humain :

> Et lui allégrement sous le bras la tenant
> S'en va par la fraîcheur bien loin la promenant,
> Pour lui étendre au long son songe prophétique,
> Messager du haut Dieu pour espoir pacifique...

Bref, ce poète dont la pure et quasi abstraite musique est une ostension mystique de l'amour se montre parfaitement concret quand il s'agit de la liberté de l'homme. Jusqu'à nier le péché que la religion attache à son origine. Jusqu'à trouver des accents directs et vigoureux, lui l'allégorique, lui le fluide, lui tout épris d'allitérations (« le vain travail de voir divers pays »), pour dénoncer tout attentat guerrier contre le peuple :

> Que mes sanglots pénétrant jusqu'aux cieux
> Emeuvent ceux qui en cruauté règnent.

C'est aussi pour cela qu'il nous est proche et cher.
Certes, Pernette du Guillet (1590-1645) ne l'égale point. Si son plus grand mérite est d'avoir été la « parfaite amie » de Scève, celle en qui ce pétrarquisant voyait l' « objet de plus haute vertu », on ne peut nier que les *Rimes de gentille et vertueuse dame Pernette du Guillet* soient d'une eau fraîche

et pure et contribuent avantageusement à l'histoire de la sensibilité féminine :

> Quand vous voyez que l'étincelle
> Du chaste amour sous mon aisselle
> Vient tous les jours à s'allumer
> Ne me devez-vous bien aimer ?

Louise Labé (1524-1566), dite « la Belle Cordière » pour avoir épousé, à seize ans, un riche marchand de corde, a-t-elle vraiment participé, vêtue en garçon, à une expédition militaire en Italie ? A-t-elle, tant avant qu'après son veuvage, fait les quatre cents coups, comme l'en accuse Calvin, dans l'espèce de cour d'amour constituée par son salon ? Sans minimiser l'importance de ces questions qui, avec plus d'acuité encore qu'en ce qui concerne Pernette du Guillet, mettent l'accent sur l'évolution de la condition féminine, nous avons surtout à dire que l'œuvre de Louise Labé, débarrassée des genouillères rhétoriques qui alourdissent celle de la « maîtresse » de Maurice Scève, vole infiniment plus haut. Maîtresse, quant à elle, du poète Olivier de Magny (1529-1560), autre belle figure de l'école lyonnaise, c'est à lui qu'elle adresse ses soupirs et ses plaintes après les avoir mis en vers mélodieux avec, dit Albert-Marie Schmidt, une sorte de « morosité spasmodique et tendre ». Certes, les vingt-quatre sonnets — dont un en italien — qui sont le chef-d'œuvre de Louise Labé (on lui doit aussi trois *Elégies*, une *Epître dédicatoire* et un *Débat de folie et d'amour*) accusent l'influence de Pétrarque ; c'est en cela seulement qu'ils datent ; un des plus purs monuments de la poésie amoureuse de tous les temps est là, dont les qualités tiennent, au moins autant qu'à la sincérité des confidences qui y sont incluses, à l'exceptionnelle vertu de son matériau verbal, à la fois ductile et ferme, musical et plein de sens :

> Je vis, je meurs : je me brûle et me noie
> J'ai chaud extrême en endourant froidure...
> Ainsi Amour inconstamment me mène
> Et, quand je pense avoir plus de douleur,
> Sans y penser, je me trouve hors de peine...

Pontus de Tyard (1521-1605), qui fut vraisemblablement épris de la Belle Cordière, fait le pont, en quelque sorte, entre l'école de Lyon — à laquelle il faut rattacher encore Antoine Heroët (1492-1568) — et la Pléiade, qu'il rejoint en 1552 après avoir publié son *Chant en faveur de quelques excellents poètes de ce temps*. Platonicien et pétrarquiste convaincu, prosodiste d'une science extrême, il s'encombre un peu trop de métaphores et d'antithèses tout en faisant preuve d'une espèce d'enthousiasme flamboyant qui semble à Ronsard lui-même quelque peu excessif.

On ne dira jamais assez ce que les poètes de la Pléiade proprement dite — qui se nomme d'abord « Brigade » et groupe alors Ronsard, Tyard, Baïf et Jodelle — doivent au poète-humaniste Jean Dorat (1508-1588) qui fut leur maître au collège de Coqueret. Par lui débarrassés de leur gangue livresque, Homère, Pindare, Horace, Théocrite et Virgile apparaissent tels qu'ils furent : des inspirés. Le caractère autonome de la poésie, qui désormais ne fera que s'affirmer, jusqu'à la plus farouche intransigeance, c'est Dorat qui le fait sentir à ces jeunes gens que les grâces d'un Marot ou d'un Mellin de Saint-Gelais ne suffisaient point à nourrir. Non seulement il les encourage à abandonner le jeu pour la passion, voire le sacerdoce de la Poésie, mais il les incite à donner à celle-ci un instrument verbal approprié à sa dignité nouvelle.

Pas plus que d'imiter Pétrarque et ses émules, il ne s'agit de singer les Grecs et les Romains. L'idéal est d'égaler ceux-ci dans la langue française, dans la prosodie française, quitte à greffer, à « provigner » la première de mots et de tournures qu'elle a écartés ou perdus en se voulant par trop distinguée, voire même à en inventer, comme Cicéron le sut faire dans sa langue ; quitte à élaguer la seconde de vieilles formes fixes, comme le rondeau et la ballade, le virelai et le chant royal, qui sont par trop tributaires de la musique et de la danse (nombre de poèmes de Ronsard resteront pourtant des poèmes à chanter et une partition orchestrale y sera parfois jointe) et demeurent la ressource de poètes sans souffle, mais virtuoses, seulement occupés de plaire. La *Défense et illustration de la langue française* que Joachim du Bellay (1522-1560) publie en 1549 développe toute cette argumentation avec une flamme exaltée et quelque peu brouillonne, alimentée de références parfois imprévues et d'emprunts sans vergogne.

Du Bellay est le premier à illustrer la profession de foi qu'il a signée. Cela en publiant, conjointement à celle-ci, ses *Cinquante Sonnets à la louange de l'Olive*, suivis d'une *Antérotique de la Vieille et de la Jeune Amie* et de treize *Odes*. On a vu dans Olive l'anagramme de Viole, nom d'une marquise dont il était amoureux. Plus important est de voir, dans les *Sonnets* eux-mêmes, à quel degré de perfection du Bellay porte cette forme fixe, encore neuve en France, et le vers alexandrin, devenu pour longtemps le grand véhicule de notre poésie, et surtout avec quelle considérable avance sur une conception totalitaire de la poésie, qui se fera jour en France à partir de Baudelaire et qu'officialisera Mallarmé, il arrache en quelque sorte le poème à ses prétextes pour en faire un « langage du langage ». Dans l'*Olive*, du Bellay a sûrement incarné la femme aimée, mais non moins sûrement la poésie.

Michel Deguy l'a justement marqué, « l'espace vide » qu'il s'efforce de remplir le sépare à la fois de l'objet de son désir et de la pure essence de la parole. Protégé par Madame Marguerite, sœur d'Henri II, et par son oncle, le cardinal Jean du Bellay, qu'il accompagne à Rome en 1553, *via* Lyon où il rencontre Maurice Scève et Pontus de Tyard, l'auteur de l'*Olive* est à demi sourd dès sa trentième année. Si cela accentue sa parenté avec Ronsard — qui, lui, n'entend goutte depuis ses dix-huit ans —, cela explique au moins en partie l'évolution irréversible de du Bellay vers une thématique de l'exil sans espoir, qui, bien mieux que dans sa *Complainte du désespéré*, s'exprimera dans *Les Regrets*.

Que, dans ce dernier recueil, il décrive à merveille les majestueuses ruines antiques et s'apitoie sur la grandeur déchue dont elles témoignent est peut-être moins important, pour l'histoire de la poésie française, que le naturel avec lequel, dans plusieurs de ces sonnets, et non seulement dans le plus célèbre :

Heureux qui, comme Ulysse, a fait un beau voyage
Ou, comme celui-là qui conquit la toison...

il mette sur le même pied, si l'on peut dire, la gloire d'Hector et la beauté de Cassandre, inspiratrice de son ami Ronsard, une patoisante rivière d'Anjou et un fleuve de l'illustre Rome et, rompant d'un coup l'assujettissement de notre culture à la culture gréco-latine, la patrie gauloise, devenue « mère des arts, des armes et des lois », et l'univers antique.

De l'Angevin du Bellay au Vendômois Ronsard (1524-1585), l'apport provincial ne cesse d'être ostensible, et de même peut-on dire que, si Pontus de Tyard n'avait été Mâconnais, et Rémy Belleau d'Eure-et-Loir, la poésie de la Pléiade n'eût point eu tant de force authentiquement française à opposer au double poids du pétrarquisme et de l'Antiquité.

Le plus ardent pourfendeur des « latineurs » et « grécanisateurs », ce fut Ronsard, religieux à la mode du temps, où cures et aumôneries étaient surtout des « bénéfices », soldat d'occasion (il se bat en 1562 contre les huguenots, pour défendre sa cure), amant malheureux de Cassandre de Salviati (dont la nièce, Diane, rendra pareillement malheureux Agrippa d'Aubigné) et amant plus heureux, semble-t-il, de Marie Dupin et Hélène de Surgères. Dans un langage qui ne craint pas d'emprunter à la faconde populaire mais qu'il cisèle admirablement et emporte au plus haut des hauteurs verbales, il introduit les formes, les couleurs, les sons et les frissons de la vie avec une verve sensuelle qui n'exclut ni l'érudition ni l'application. Le matériel mythologique n'étouffe jamais chez lui le brin d'herbe ou la rose. Les spéculations cosmogoniques auxquelles il se livre dans ses *Hymnes* (1) ne l'éloignent point du monde sublunaire où l'homme est en prise directe sur son destin. Les vertus poétiques de l'allégorie ne le séduisent jamais au point de lui faire oublier que la poésie est avant tout un cri de joie, de désir ou de douleur (un cri « habillé », dira Cocteau qui ne doit pas peu à Ronsard...). Il publie pour la première fois en 1547, mais cette *Ode à Peletier du Mans* n'est point encore dans la ligne esthétique que va définir du Bellay au nom de la Pléiade. La véritable entrée en lice de Ronsard, c'est la publication des *Quatre Premiers Livres des Odes*, en 1550, suivie deux ans plus tard par celle des *Amours*. Tout de suite célèbre, ce qui enrage fort Mellin de Saint-Gelais et les der-

---

(1) Avec une ardeur panique mais aussi une information peu ou prou scientifique qui, nous dit Albert-Marie Schmidt, recourt à l'aéromancie, à la pyromancie et à la chiromancie aussi bien qu'à l'iniromancie et aux classifications de l'astrologie naturelle.

niers adeptes des Rhétoriqueurs, il va multiplier les vers, à la fois emportés et coulés, simples et orfévrés, qui s'inscrivent d'autant mieux et d'autant plus durablement dans la mémoire qu'ils ont, souvent, une résonance, sinon une intention morale. Exemple, le fameux :

> Mignonne allons voir si la rose
> Qui ce matin avait déclose...
> Cueillez, cueillez votre jeunesse :
> Comme à cette fleur la vieillesse
> Fera ternir votre beauté.

Si Ronsard s'enorgueillit de la suprématie qu'il exerce sur les poètes de son école et de son temps :

> Vous êtes tous issus de la grandeur de moi,
> Vous êtes mes sujets, je suis seul votre loi.

et ne craint pas de s'attribuer tout le mérite du renouvellement linguistique prôné par la Brigade :

> ... Pour hausser ma langue maternelle...
> Je fis des mots nouveaux, je rappelai les vieux,
> Si bien que son renom je portai jusqu'au cieux...

il ignore en revanche que ceux qui viendront — de Malherbe aux Classiques — ne sauront pas reconnaître en lui, théoricien qui prêche d'exemple, le premier législateur de leur « juste cadence » et que, agacés par les doctes obscurités de certains de ses vers, ils ne lui sauront aucun gré d'avoir mis la langue française « hors d'enfance ». Il ignore de même qu'en se lançant dans l'épopée avec une *Franciade* il gâtera ses dons, qui sont le primesaut, l'élégance spontanée, l'instinctive autorité du *vates* qui peut se permettre de parler familièrement aux astres :

> Je vous salue enfants de la première nuit...

Au vrai, si le Français eut jamais la tête épique, il ne l'a plus guère au moment où Ronsard voudrait qu'il l'eût. Entre-temps, Dieu sait pourtant qu'en France l'épopée s'est confondue avec l'histoire. Tout comme le *Discours des misères de ce temps*, hormis quelques passages assez violents pour emporter le lecteur, *La Franciade* s'essouffle et retombe à côté d'un génie français qui, ne l'ayant dictée, ne saurait la recevoir.

Jean Lemaire de Belges (1473-1524) avait tenté, au début du xvie siècle, d'introduire la prose rythmée dans notre prosodie. Antoine de Baïf (1532-1589), l'un des premiers compagnons de Ronsard, compose, lui, certains de ses poèmes, notamment ses *Chansonnettes*, en vers mesurés « à la grecque et latine », c'est-à-dire en tenant compte de l'alternance des syllabes longues et brèves. Charles IX l'y a encouragé et Henri III de même. Mais, si bien organisée et tout officialisée qu'elle soit au sein d'une Académie de la Poésie et de Musique qui, sous le second de ces monarques, devient l'Académie du Palais, la tentative ne connaît pas grand succès, la prononciation du français ne se prêtant point à l'agréer ; Agrippa d'Aubigné sera le seul poète important à la reprendre occasionnellement. Finalement, Baïf, trahissant la métrique qu'il prétend imposer — le « baïfin » — est au mieux de sa forme dans les alexandrins de l'*Hymne à la Paix* :

Je veux louer la Paix ; c'est la Paix que je chante
La fille d'amitié dessus tout excellente

et du *Premier des météores* qui, selon Albert-Marie Schmidt, est la première tentative de monographie scientifique versifiée.

Rémy Belleau (1528-1577), considéré par Ronsard comme le septième astre de la Pléiade, a lui aussi quelque titre à figurer parmi les poètes scientifiques

LA RENAISSANCE

avec ses *Petites Inventions*, ses *Bergeries*, ses *Amours et nouveaux échanges de pierres précieuses*. Il faut louer surtout chez lui le génie rythmique qui lui permet de faire du vers heptasyllabique, réservé aux poésies légères, un module sonore d'une admirable autorité :

> Va, pleureuse, et te souvienne
> Du sang de la plaie mienne
> Qui coule et coule sans fin,
> Et des plaintes épandues
> Que je pousse dans les nues
> Pour adoucir mon destin.

Etienne de La Boétie (1530-1563) dont son ami Montaigne dira très justement les vers « autant charnus, pleins et moelleux qu'il s'en soit encore vu dans notre langue » ; Jean Passerat (1534-1602), qui sera l'un des principaux rédacteurs de la *Satire Ménippée* mais aussi un puits de science, un champion d'éloquence et, dans ses rares loisirs, un plaisant tourneur de villanelles et d'odes champêtres ; Amadis Jamyn (1540-1593) dont les *Stances de l'impossible* ont un élan et un pouvoir de suggestion encore impressionnants :

> *Le loup et la brebis seront en même étable*
> *Enfermés sans soupçon d'aucune inimitié.*
> *L'aigle avec la colombe aura de l'amitié*
> *Et le caméléon ne sera point muable...*

Jacques Grévin (1538-1570), grand adversaire de Ronsard mais aussi, en huguenot d'adoption, des chefs de l'Eglise catholique qu'il pourfend en sonnets plein d'allure ; Philippe Desportes (1546-1606) dont les *Amours d'Hippolyte*

> *Donnant air à la flamme en ma poitrine enclose*

ont une musicalité charmante ; Jean de Sponde (1557-1595), plus profond, tourmenté, alchimiste en ses vers comme il le fut dans sa vie :

> *L'Esprit qui n'est que feu de ses désirs m'enflamme*
> *Et la chair qui n'est qu'Eau pleut des Eaux sur ma flamme.*

peuvent être, comme Jacques Tahureau (1527-1555), Olivier de Magny (1529-1651), Vauquelin de La Fresnaye (1535-1606), rangés parmi les étoiles notables qui gravitent autour de la Pléiade ou dans son sillage en train de s'évanouir. Ni les uns ni les autres, cependant, n'égalent en grandeur un Guillaume de Salluste du Bartas (1544-1590) ou un Agrippa d'Aubigné (1552-1630).

Gœthe s'étonnait du dédain où du Bartas, célèbre de son vivant, au point de gêner Ronsard et de lui faire envie, avait été ensuite tenu par les Français. Ce dédain, dont l'auteur de *La Semaine ou la Création du monde* n'a point cessé d'être accablé, s'explique surtout par la prolifération baroque, convulsive et parfois vertigineuse des images et des idées qu'il enchaîne et promeut dans l'espèce de cosmos verbal qu'il tire, comme l'a judicieusement souligné Albert-Marie Schmidt, du cosmos matériel : le lecteur français veut qu'on soit raisonnable, même en poésie où la raison a si peu à faire. Pourtant, la poésie scientifique n'a pas eu plus grand expérimentateur que ce haut lyrique tout enivré de son propre chant. L'on regrettera, bien sûr, qu'il soit ampoulé, confus, précieux, et que, s'il excelle à créer des allitérations tout à fait convaincantes :

> La gentille alouette avec son tire-tire
> Tire l'ire à l'iré et tire liran lire...

il en commette d'autres, assimilables à de méchants calembours et, renchérissant sur Ronsard, fabrique à la chaîne des mots composés ou des redoublements de phonèmes — « flo-flottant », « sou-soufflant » — d'un mauvais goût évident. Son inventaire scientifique de la nature est en revanche, si précis qu'il se veuille, assez dépaysant et fantastique pour nous charmer encore.

Agrippa d'Aubigné a laissé au moins un vers dans la mémoire de tous :

> Une rose d'automne est plus qu'une autre exquise.

Si l'on connaît le vers qui suit :

> Vous avez esjouy l'automne de l'Eglise

qui s'adresse aux martyrs huguenots, dont il a vu, tout enfant, en passant à Amboise, les « chefs pleins d'honneur » brandis au bout d'une pique, on comprend mieux le génie de l'auteur des *Tragiques*, cet immense poème inspiré par les guerres de religion, paru seulement en 1616, alors que Malherbe régnait depuis dix-huit ans, ce qui suffirait à expliquer son occultation (1). Chez lui, la métaphore n'est pas une fin en soi, ni le « vers-proverbe » que Hugo opposera si bien au « vers-cocarde », ni les grâces musicales ou plastiques qu'il est capable de porter à leur comble avec au moins autant de facilité que Ronsard, ni l'extraordinaire talent qu'il a de faire donner aux mots tout ce qu'ils peuvent, en les répétant par exemple sur deux modes en un même vers, comme le fait Shakespeare dans ses *Sonnets*. De tout ce matériau, qu'il a d'ailleurs utilisé dans d'admirables poèmes d'amour — l'*Hécatombe à Diane* —, il n'entend se servir, dès le lendemain de la Saint-Barthélemy, que pour servir à son grand œuvre, lequel consiste à condamner les adversaires de sa foi, à décrire d'après nature

Car mes yeux sont témoins du sujet de mes vers,

leurs méfaits, leurs traîtrises et leurs crimes et à appeler sur eux la vengeance céleste. Poète « engagé », certes — et le premier de tous, et qui rend des points sur ce terrain au Hugo des *Châtiments* ! — mais qui a trop de génie pour n'être que cela :

Ce temps autre en ses mœurs exige un autre style

s'est-il exclamé d'entrée de jeu. Bien sûr, mais le style qu'il entend se donner semble lui venir, en

---

(1) Par la suite, la très catholique Mme de Maintenon, petite-fille de d'Aubigné, fera tout pour que celui-ci reste sous le boisseau.

fait, de plus haut que lui-même et, débordant la satire, *Les Tragiques* envahissent un espace à la fois intemporel et réaliste, mythique et subjectif qui est celui de la très grande poésie. Cet homme de la Renaissance est, par bien des côtés, un homme du Moyen Age — et la comparaison avec Shakespeare s'impose encore ici — mais aussi, surtout peut-être, un homme de la Bible. Dans ses meilleurs moments satiriques et politiques, Ronsard semble bien pâle à côté de cet inspiré qui parle comme Amos :

> Toi, Seigneur, qui abats, qui blesses, qui guéris,
> Lève ton bras de fer, hâte tes pieds de laine.
> Venge ta patience en l'aigreur de ta peine :
> Frappe du ciel Babel : les cornes de son front
> Défigurent la terre et lui ôtent son rond.

Agrippa d'Aubigné, qui n'a point écrit pour le théâtre, pourrait en remontrer, avec ses *Tragiques*, à ceux qui s'adonnent, en son temps, à la tragédie. A commencer par Étienne Jodelle (1532-1573) dont la *Cléopâtre captive*, première tragédie représentée en France (1553), n'est point sans mérites ; Jacques Grévin qui, six ans plus tard, accouche assez laborieusement d'un *César* ; Robert Garnier dont la *Porcie*, l'*Antigone* et les *Juives* valent surtout par leurs chœurs d'une belle envolée, d'une frappe élégante et vigoureuse :

> *Pauvres filles de Sion,*
> *Vos liesses sont passées ;*
> *La commune affliction*
> *Les a toutes effacées.*

Chapitre IV

LE CLASSICISME
UNE MAJESTÉ UNE ET DIVERSE

> Enfin, Malherbe vint et, le premier en France,
> Fit sentir dans les vers une juste cadence,
> D'un mot mis à sa place enseigna le pouvoir
> Et réduisit la muse aux règles du devoir...

On est en 1674 lorsque Nicolas Boileau (1636-1711) écrit ces vers. Louis XIV, sacré en 1654, exerce depuis 1661 un règne personnel qui est aussi raisonnable que poli, aussi théâtral qu'absolu. *L'Art poétique* de Boileau est quelque chose comme l'hypostase littéraire d'une politique sociale qui ordonne aussi bien la religion que la politique, le goût que les mœurs, les apparences de la vie que les structures de la pensée. André Maurois l'a justement souligné, on ne doit pas seulement à Malherbe la « juste cadence » mais aussi la pureté de la langue, dont « le vocabulaire restreint, pauvre, sévèrement spirituel » sera « celui de Corneille et de Racine, de La Rochefoucauld, de Mme de La Fayette et de Bossuet ». Pour un peu, on ajouterait que Malherbe fut par avance pour quelque chose dans la géométrie dévitalisée des jardins à la française et dans la majesté rationnelle du dieu gallican.

Réduire la muse « aux règles du devoir » n'est-ce pas l'étrangler ? François de Malherbe (1555-1628) n'en a cure. Pour lui, qui rompt, en 1606, avec l'école de la Pléiade, tout ce que la Renaissance poétique a pu écrire n'est qu'un jargon archaïque, patoisant et pédantesque tout ensemble. Il faut que la poésie cesse de parler grec et latin, se « dégasconne », se débarbouille des sucs végétaux dont elle s'est nourrie, s'interdise de s'échauffer, de s'emballer, se fasse claire, rigoureuse, grammairienne, se dépouille du « goût du collège » pour s'arrêter à « celui du Louvre ». Malherbe ne se borne pas à éliminer des mots et des tournures qui sentent la province, l'atelier ou la rue, à faire la chasse aux épithètes et aux néologismes ronflants, à dissiper le flou de la conjugaison. Légiférant en prosodie, il interdit non seulement l'enjambement des vers mais l'hiatus, impose l'alternance des rimes masculines et féminines et, dans l'alexandrin, une pause médiane ; enfin, il préconise, plutôt que la rime riche, une rime « rare », génératrice d'idées, de sentiments, d'images que le poète n'eût peut-être pas trouvés de lui-même.

Cette recommandation mérite qu'on s'y arrête. En l'observant, Malherbe et ses disciples cessent d'être de simples versificateurs puisqu'ils en appellent au hasard et que la parfaite « machine de langage » à laquelle ils identifient le poème finit par leur imposer son automatisme. Certes, Malherbe est loin de reconnaître au langage cette « vie organique » que pressentira Novalis. Il n'en échappe pas moins — et avec lui le Classicisme — à la non-poésie par cette licence, donnée au langage, de prendre parfois l'homme par la main. Quand notre « regratteur de syllabes » écrit :

> Les puissantes faveurs dont Parnasse m'honore
> Non loin de mon berceau commencèrent leur cours.
> Je les possédai jeune et les possède encore
> A la fin de mes jours.

il ne fait guère que mettre en vers ampoulés une pensée orgueilleuse et banale. Il est en revanche vraiment poète, quand il compose des vers comme :

> Beauté, mon beau souci, de qui l'âme incertaine
> A, comme l'océan, son flux et son reflux...

et cela pour les raisons mêmes — phonèmes suggestifs, harmoniques signifiantes en soi, etc. — qui, sous la plume de Jean Racine (1639-1699), feront, d'une simple fiche d'état civil, le plus bel alexandrin, sans doute, de la langue française :

La fille de Minos et de Pasiphae.

Au demeurant, avant que Malherbe « vînt », ou plutôt régnât, il était déjà venu, si l'on peut dire, et dans un tout autre style. André Blanchard a cent fois raison d'écrire : « Nous voilà à Malherbe et nous avons cru dessiner une sorte d'épine dorsale de la poésie française. C'est une illusion ou plutôt une abstraction trompeuse » : toute la poésie de la première moitié du XVIIe siècle est, en vérité, occupée d'un conflit confus, aux phases fort diverses, entre deux courants qui se mélangent souvent. Nommer « baroque » le premier, et « classique » le second, n'est qu'une approximation commode.

Il faudrait, d'ailleurs, savoir exactement ce qu'est le Baroque. « Art qui se situe dans l'instant et essaie d'exprimer la fugacité de cet instant », dit André Blanchard. Ou bien : triomphe de l'ornement sur l'ossature, de l'imagination sur la logique ? Ces deux propositions ne se contredisent point et, par opposition, l'art classique est bien, comme le suggère André Blanchard, « l'art qui se situe dans l'éternel et envisage toutes choses *sub specie oeternitatis* ». Que l'on s'accorde ou non sur ses termes, l'antinomie est flagrante. Mais seulement si on l'observe de loin. Au vrai — et il en sera encore ainsi quand les Précieux prendront le relais des Baroques dans leur résistance au Classicisme — elle est, dans le siècle même, infiniment plus nuancée.

Malherbe, tout le premier, a sacrifié aux grâces qu'il voulait proscrire et sombré dans l'amphigourisme dont il faisait grief à Ronsard. Ses *Larmes de saint Pierre*, composées en 1587, ne sont guère après tout qu'un poème baroque :

L'Aurore d'une main en sortant de ses portes
Tient un vase de fleurs languissantes et mortes...

et l'on ne voit guère en quoi, par la suite, tels de ses vers de circonstance sont moins précieux que ceux de Voiture, Cotin, Malleville, Benserade et autres ciseleurs auxquels servait d'atelier la « chambre bleue » de la marquise de Rambouillet, où il ne dédaignait point de fréquenter lui-même. Sa vraie personnalité n'est point là du reste mais, qu'on l'admire ou la dédaigne, dans l'œuvre proprement malherbienne qu'il entreprit à la fois en praticien et en théoricien (Vaugelas ne fera que le continuer à cet égard). Chapelain, qui ne l'aimait guère, tenait ses poèmes pour de la prose rimée, mais disait inégalables certaines de ses « élévations, nettes et pompeuses dans le détail ». Sans doute pensait-il aux *Odes* majestueuses et « carrées » que Malherbe adressa tant à Louis XIII qu'à Henri IV, et à Marie de Médicis, ou encore au fameux :

Ta douleur, du Périer, sera donc éternelle.

Quant à Mlle de Gournay, qui admirait la « spéculative, haute, impérieuse » poésie de Ronsard, elle trouvait en revanche celle de Malherbe « familière, suffragante et précaire ». Il revenait à un poète de notre temps, Francis Ponge, de faire le point ; pour lui, Malherbe a « retendu » la lyre française en donnant au langage poétique une précision extrême, voire une véritable autonomie ; Valéry et Mallarmé auraient pu souscrire à ce jugement.

Renchérissant sur Malherbe dont il est le fervent disciple, François de Maynard (1582-1646) va jusqu'à exiger que chaque couple de vers, voire chaque vers, soit un tout en soi. Il risque ainsi d'assécher le courant lyrique mais, heureusement, il ne manque ni de fraîcheur, ni d'émotion, ni d'invention. Ce sont là — héritées de la Pléiade — des qualités parfaitement compatibles chez lui avec l'obsession formelle. Si l'on y ajoute l'ampleur et la plénitude, on n'est pas loin de reconnaître, avec Henri Mondor, que l'auteur de la *Belle Vieille* annonce à la fois Corneille et Racine :

> *L'âme pleine d'amour et de mélancolie,*
> *Et couché sous des fleurs et sous des orangers,*
> *J'ai montré ma blessure aux deux mers d'Italie*
> *Et fait dire ton nom aux échos étrangers.*

Moins ample et plein peut-être, mais plus sensible encore que Maynard, Honorat de Racan (1589-1670), autre disciple d'élection de Malherbe, contredit pareillement celui-ci par cette sensibilité même et un sens très vif de la nature qui fait éclater l'appareil mythologique et pastoral dont il croit devoir l'affadir :

> *Il voit de toutes parts combler d'heur sa famille,*
> *La javelle à pleins poings tomber sous la faucille,*
> *Le vendangeur ployer sous le faix des paniers...*

C'est pourtant lui que Malherbe, non sans lui reprocher certaine mollesse prosodique, entend réduire, comme lui-même, à un rôle de grammairien-versificateur : « Si nos vers vivent après nous, toute la gloire que nous en pouvons espérer est qu'on dira que nous avons été deux excellents arrangeurs de syllabes. » Fort heureusement, Racan, jusque dans ses *Bergeries*, qui ne valent point ses *Stances sur la retraite*, et dans ses *Odes sacrées*, grand œuvre de sa vieillesse, qui sont une traduction fort libre des Psaumes, pousse la conscience de son art beaucoup plus loin que cet artisanat glacé.

Entre-temps, la discipline prêchée par Malherbe avait reçu bien d'autres démentis. Les poètes qui apparaissent à la fin du XVIe ou au début du XVIIe siècle, loin de rompre violemment avec l'Ecole de la Pléiade, lui gardaient amitié, reconnaissance et continuaient peu ou prou de suivre son exemple. Jean de La Ceppède (1550-1622) n'est pas très éloigné, avec ses *Théorèmes*, de la cosmologie éloquente et baroque de du Bartas :

> Le vase d'or (rempli de la vapeur liquide
> Qui distille du ciel) dans la terre caché...

On peut en dire autant d'André Mage de Fiefmelin (1558-1603) et de Pierre Mathieu (1562-1621) ; tous deux occupés de supputations astronomiques dignes de Ronsard. Un étrange et précieux sonnet, *Cosmologie*, suffirait à sauver le premier de l'oubli :

> Point de cercle invisible en terre sous les cieux,
> Fleur de prime mourant soudain que née aux yeux...

alors que les *Quatrains* du second sont une préfiguration baroque des *Stances* de Moréas.

Baroque, précieux... Ces deux épithètes — auxquelles il faudra ajouter celle de burlesque à propos de certains de ces poètes anti-malherbiens — expriment assez mal ce qui est à la fois l'héritage de la Pléiade, y compris son « goût du collège », son plaisir aux mots, son appétit scientifique, voire même ses « fastes pédantesques », et un extrême souci de raffinement langagier. Une grande part de jeu, et de gratuité, entre dans les poèmes d'un Pierre de Mont-Gaillard (1550-1605) — qui fait aussi preuve de réalisme burlesque —, dans les *Distiques* de Jean de Boyssières (1555-1585) et dans ses poèmes « en pyramide renversée ». Charles-Timoléon de Sigogne (1560-1611) retrouve quant à lui dans ses *Galimatias* la verve saugrenue des fatrasies :

> De soixante escargots accoucha Pampelune
> Trois jeunes hérissons des loups gardent la lune

Jean Grisel (1567-1622) et Robert Angot de L'Eperonnière (1581-1637), à l'instar du Rabelais de la « Dive Bouteille », se plaisent à composer des calligrammes, en forme de hache ou de luth. Le dernier, publiant en 1631 un pastiche, en alexandrins, du fameux « Mignonne, allons voir si la rose », satisfait à la fois aux préceptes malherbiens et à son admiration pour Ronsard. Jean de Schélandre (1585-1635) qui avoue sa fidélité à ce dernier mais aussi à du Bartas ; Pierre de Marbœuf (1596-1635), qui se plaît aux allitérations voire aux calembours :

> *Et la mer et l'amour ont l'amer pour partage...*
> *La mère de l'amour eut la mer pour berceau...*

mais aussi à des descriptions anatomiques d'une extrême précision, méritent, eux aussi, d'être mentionnés parmi les Baroques de quelque envergure.

Leur grandeur est toutefois bien moindre que celle d'un Théophile de Viau (1590-1626) ou d'un Tristan l'Hermitte (1601-1655) qui, allant, tout comme Ronsard, « où leur muse les mène », retrouvent la nature et le naturel, le bonheur de vivre et le bonheur d'expression. Le premier, en quatre petits vers, fait tenir tout un tableau, romantique et verlainien par avance, pour lequel on donnerait toutes les *Odes* qu'il lui arriva d'écrire pour faire pièce à Malherbe :

> Dans ce val solitaire et sombre,
> Le cerf qui brâme au bruit de l'eau,
> Penchant ses yeux dans un ruisseau
> S'amuse à regarder son ombre.

Le second, n'eût-il écrit que le *Promenoir des deux amants*, s'inscrirait de même définitivement dans le fort courant que le Classicisme eut à vaincre :

> L'ombre de cette fleur vermeille
> Et celle de ces joncs pendants
> Paraissent être là-dedans
> Les songes de l'eau qui sommeille.

Ce courant, quand il traverse les salons dont de belles dames sont les régentes, s'attarde et se ramifie en préciosités qu'il serait vain de méconnaître car elles ne seront pas pour peu dans une religion de l'exigence formelle qui, débordant largement les postulats malherbiens, deviendra l'une des traditions les plus respectables de notre poésie. Nombre de nos métaphores et de nos précisions linguistiques sont sorties du « salon bleu » de la marquise de Rambouillet, pour ne nommer que le sien.

Voiture (1597-1648) et Isaac de Benserade (1613-1691) dominent le lot de ces poètes d'album ou d'éventail, sans cesse en quête de raretés lexiques et musicales, qui excellent finalement à ne rien dire. Molière aura beau jeu de les moquer et de moquer pareillement leurs inspiratrices « savantes » et

« précieuses ». Aussi bien la querelle des Uraniens et Jobelins
— provoquée par la comparaison entre un sonnet de Voiture
sur Uranie et un sonnet de Benserade sur Job — fut-elle,
en 1649, un véritable événement dans le monde des lettres
et dans le grand monde, alors inséparables l'un de l'autre,
au point, Corneille le soulignera dans un sonnet plein d'humour,
de faire oublier la lutte, à peine éteinte, des « Frondeurs et
Mazarins ».

Avec Mathurin Régnier (1573-1613), Saint-Amant
(1594-1661), Scarron (1610-1660), qui fréquentent
moins volontiers les salons que les cabarets, l'opposition à Malherbe et au Classicisme est plus violente.
Ces satiriques et burlesques — mais ils ne sont pas
que cela — renouent en fait avec une tradition
bien antérieure à la Renaissance, celle de Rutebœuf
et de Villon. Régnier, neveu de Desportes avec qui
Malherbe eut maille à partir, en veut d'autant plus
à ce dernier et à ses disciples d'avoir domestiqué
la poésie. Pour lui, il n'y a pas de poésie sans liberté,
voire sans « nonchalances », et il entend mener la
sienne comme il mène sa propre vie, en se laissant
aller « à la bonne loi naturelle ». Si, dans ses plus
libres abandons, il ne craint ni d'être grossier,
ni de « fatraser » jusqu'à l'absurde :

> Je discours des neiges d'antan,
> Je prends au nid le vent d'autan,
> Je pète contre le tonnerre...
> J'apprends aux ânes à voler,
> Du bordel je fais la chronique...

cela ne l'empêchera ni de devenir chanoine, ni
d'écrire des *Stances spirituelles* d'une émouvante
ferveur auxquelles on doit cependant préférer ses
longues satires en alexandrins, où il ne recommande
que pour les mieux combattre les turpitudes dont
il est le témoin :

> C'est gloire, et non pas honte, en cette douce peine
> Des acquêts de son lit accroître son domaine.

Saint-Amant, à qui il arrive de chanter harmonieusement la solitude, la nuit, voire *Moïse sauvé des eaux*, n'est jamais plus à son aise que lorsqu'il décrit le melon, la vigne, les cabarets, exalte la jouissance et la débauche, tout cela dans une langue charnue, bigarrée, éprise de ses propres échos et tourbillons :

> Par ce jambon couvert d'épice,
> Par ce long pendant de saucisse,
> Par la majesté de ce broc,
> Par masse, toppe, cric et croc...

Scarron, dont l'épouse, fille d'Agrippa d'Aubigné, deviendra Mme de Maintenon, va lui aussi tout à fait à l'encontre des rigidités classiques, tant morales que formelles, avec des vers légers et même fripons qu'il interrompt soudain par des parenthèses explicatives. Claude Quillet (1607-1661) peut égaler le libertinage, non la faconde de Scarron, amplement déployée dans *Typhon* et dans *L'Enéide travestie*. Dans « l'enfer des Classiques », cet infirme qui se rit de son malheur a droit à un cercle d'honneur.

Il est assez plaisant de voir les Classiques eux-mêmes fréquenter parfois cet « enfer » ! Tout comme Malherbe avait, à ses débuts, donné dans la poésie baroque, Boileau, dans *Le Lutrin*, donne dans le burlesque voire le grotesque, et ne fait pas mystère de l'avoir voulu. *Le Repas ridicule* et *Les Embarras de Paris* contiennent de même mille traits caricaturaux dont un Mathurin Régnier eut pû revendiquer l'acidité narquoise :

> *Le Prélat sert la soupe, et plein d'un saint respect*
> *Demeure quelque temps muet à cet aspect...*

et qui font apparaître d'autant plus plats tels pseudo-vers où l'auteur de *L'Art poétique* s'essaie à vanter la verdure citadine, à défaut d'une nature non civilisée dont il n'a pas le moindre goût :

> *Paris est pour un riche un pays de cocagne ;*
> *Sans sortir de la ville il trouve la campagne ;*
> *Il peut dans son jardin, tout peuplé d'arbres verts,*
> *Recéler le printemps au milieu des hivers...*

Pierre Corneille (1604-1684) lui-même, hôte assidu de la marquise de Rambouillet, ne craint pas de madrigaliser, concurremment avec Claude de Malleville, Georges de Scudéry et autres précieux, dans la *Guirlande de Julie* (1634), et il n'est pas moins précieux dans ses célèbres *Stances à la Marquise*, destinées, semble-t-il, à la Du Parc et non à la maîtresse du « salon bleu » :

Marquise, si mon visage
A quelques traits un peu vieux,
Souvenez-vous qu'à mon âge
Vous ne vaudrez guère mieux.

Mais l'auteur de ces petits vers, à vrai dire aussi grinçants que joliment tournés, n'est pas le vrai, le grand Corneille qui, dans le même temps, donne une nouvelle langue à la comédie et une langue nouvelle à la tragédie. Avant de devenir, d'un coup, célèbre avec *Le Cid* (1637), il a fait jouer plusieurs comédies, notamment *Mélite*, *L'Illusion comique*, *La Veuve*, où il inaugurait un style familier, naturel et aisé, « naïf » pour tout dire, dont, préfaçant *La Veuve*, il s'excusait ainsi : « ici, tu ne trouveras en beaucoup d'endroits qu'une prose rimée », ajoutant, à propos de *Mélite* : « étant demeuré provincial, ce n'est pas merveille si mon élocution en conserve quelquefois le caractère ».

Si, mis dans la bouche des « honnêtes gens », ce style naïf convient parfaitement, les princes et les héros en exigent un autre. Corneille crée à leur intention un style qui, écrit Charles Bruneau, « demeure la langue noble de la tragédie classique. Corneille distinguera d'ailleurs deux degrés de noblesse, correspondant en gros au genre tragi-comique et au genre tragédie ».

Voltaire sera bien injuste en reprochant à Corneille des barbarismes et solécismes qui n'en étaient point à l'époque où celui-ci composait ses pièces. Au demeurant le fait que Corneille, revoyant celles-ci dix ou vingt ans après les avoir écrites, y ait apporté des corrections stylistiques fort sévères, quitte à recommencer certains alexandrins, est significatif de son souci de rajeunir la langue. Ce qu'on peut mettre en revanche à son passif, c'est de négliger les préceptes euphoniques de Malherbe. Il est plus occupé d'exprimer des idées et des sentiments, voire de frapper des maximes :

> Rome n'est plus dans Rome, elle est toute où je suis...
> Un peu de dureté sied bien aux grandes âmes...

que de faire de « beaux vers ». Et pourtant il lui arrive d'en faire d'admirables, où tient tout un tableau mouvant :

> J'ai vu fuir tout un peuple en foule vers le port...

à moins que, suspendant pour un temps leur frappe héroïque, ils n'expriment, en l'imitant phonétiquement, l'indécision du cœur humain :

> Percé jusques au fond du cœur
> D'une atteinte imprévue aussi bien que mortelle...

Le XIXe siècle romantique saura parfaitement reconnaître la grandeur de ce Normand touché d'espagnolisme et de gréco-latinité. La Mennais vantera son dialogue, dont « les réparties soudaines se croisent, se choquent en montant toujours, telles que deux aigles qui se combattent en haut des airs », et sa « parole concise et nerveuse dont les muscles se dessinent comme ceux de l'athlète nu ». Et personne, au lendemain de la mort de Corneille, n'a sans doute mieux parlé de son œuvre tragique que Racine, son rival pourtant : « Il fit voir sur la scène la raison, mais la raison accompagnée de toute la pompe, de tous les ornements dont notre langue est capable, accorda heureusement le vraisemblable et le merveilleux... Combien de rois, de princes, de héros de toutes nations nous a-t-il représentés, toujours tels qu'ils doivent être, toujours uniformes avec eux-mêmes et jamais ne se ressemblant les uns aux autres. »

Voilà pour le Corneille dramaturge. Mais rien n'est dit, là, de la grandeur lyrique du Corneille qui traduit les *Psaumes du Bréviaire romain* et paraphrase l'*Imitation de Jésus-Christ*. Il y a cependant des critiques pour estimer que l'auteur de *Cinna*, de *Polyeucte* et du *Cid* eût mérité la gloire même s'il n'avait écrit que ces textes religieux, moins éloquents et parfois plus musicaux que ses tragédies :

Sous la loi de Moïse et son rude esclavage,
La vie avait bien moins de quoi nous consoler ;
Le ciel toujours fermé laissait peu de passage
Par où jusque sur nous sa douceur pût couler.

On ne trouve point, dans le théâtre de Jean Racine (1639-1699), l'emphase que Corneille met dans le sien. Le poète de *Bérénice*, de *Phèdre*, d'*Andromaque* et d'*Athalie* reprend pourtant la « langue noble » de son aîné (son aîné de 35 ans) mais, bénéficiant à la fois de l'épuration dont le français a été favorisé tout au long de la carrière de celui-ci et, bien sûr, de ses propres dons, il porte cette langue à la perfection en la simplifiant, en la faisant frémir, en lui donnant une inflexion mélodieuse qui, cependant, ne la prive ni d'exactitude ni de majesté.

L'étonnant, c'est que la diction de Racine soit à tel point suggestive alors que celui-ci, s'il est expert en comparaisons et métaphores, n'en use qu'avec mesure, n'en ajoute guère à celles qui avaient cours avant lui et pratique avec la même discrétion la métonymie où il est pourtant passé maître. A quoi tient donc le charme de ce style qui s'efforce constamment de se faire oublier ? Sans doute à l'adéquation parfaite de ses mouvements aux mouvements psychologiques qu'il traduit, mais plus sûrement encore à la science avec laquelle le poète assemble voyelles et consonnes, jusqu'à créer des sortes d'entités sonores et visuelles qui doivent leur pouvoir bien moins au sens des mots qu'aux vertus évocatoires des phonèmes.

> Pour qui sont ces serpents qui sifflent sur vos têtes...
> Ariane, ma sœur, de quelle amour blessée,
> Vous mourûtes aux bords où vous fûtes laissée...

Certes, Racine se souvient parfois d'avoir, vers ses vingt ans, sacrifié à la poésie précieuse, mais c'est, tout au plus, un clin d'œil qu'il adresse à sa jeunesse, assez maladroitement enflammée dans l'atmosphère raréfiée d'Uzès :

> *Madame, il vous souvient que mon cœur en ces lieux*
> *Reçut le premier trait qui partit de vos yeux...*

Partout ailleurs, c'est avec une espèce de gravité, à la fois indulgente et complice, qu'il écarte les jeux et les ris galants pour sonder les reins et les cœurs en proie à l'amour :

> *J'aimais, Seigneur, j'aimais, je voulais être aimée...*
> *Tout m'afflige et me nuit et conspire à me nuire...*
> *Je sentis tout mon corps et transir et brûler...*

et c'est avec la puissance d'un grand peintre, non l'amabilité d'un artiste de cour, qu'il représente ses héros et ses héroïnes dans le feu même de leur action :

> *L'essieu crie et se rompt : l'intrépide Hippolyte*
> *Voit voler en éclats tout son char fracassé.*

Ce qui nous séduit, jusqu'à l'envoûtement, c'est moins ce que « montre » Racine que ce qu'il donne à imaginer par la façon liquide et tendre dont il se sert de la langue et du vers et que seuls un Lamartine et un Nerval sauront plus tard retrouver. Assurément, il a parfaitement tenu son propos, qui était de représenter « une action simple, soutenue de la violence des passions ». Si plein d'admiration qu'on soit pour le courage — il en faut au temps du Roi-Soleil, où les sentiments et les idées doivent se plier en bonnet d'évêque ou en perruque de cour — avec lequel Racine met à jour des fureurs organiques inhérentes à la condition humaine, on donnerait tous ses Grecs et Romains pour « l'élégance de l'expression » — le terme est de lui — avec laquelle il se donnait pour tâche de les mettre en scène.

Cette « élégance », qui, certes, finit par cliver les arêtes et les gouffres de l'individu pour lui donner l'apparence de « l'honnête homme » mais, dans le même temps, tire d'une langue, c'est-à-dire d'un code, une autre langue, et c'est la poésie, capable d'exprimer l'indicible, n'exclut ni l'humour ni la foi de son champ d'application. *Les Plaideurs* l'emportent sur les comédies de Corneille pour ce qui est du style « naïf » qu'y avait appliqué celui-ci et les *Cantiques spirituels*, tout autant que les chœurs d'*Esther* et d'*Athalie*, sont dignes du premier rang dans toute anthologie de notre poésie religieuse.

Molière (1622-1673), avec qui nous revenons par le biais du théâtre à la génération précédente, a-t-il sa place, quant à lui, dans une histoire de la poésie française ? Certes, on ne pourrait lui dire, à propos de son théâtre en vers, ce que dit Armande à Trissotin dans *Les Femmes savantes* :

Chaque pas dans vos vers rencontre un trait charmant.

Aussi bien, le Molière qui, de main de maître, rime et rythme certaines de ses comédies, se soucie-t-il beaucoup plus de donner ainsi un relief supplémentaire à son style de théâtre que de nous « charmer » poétiquement et n'a-t-il, précisément, que moquerie pour le pédantesque accumulation de « traits charmants » à quoi se réduit à ses yeux comme aux yeux de Boileau la poésie précieuse. Qu'il lui advienne d'écrire des poèmes proprement dits, par exemple *La Gloire du Val-de-Grâce* où il vante la peinture de Mignard, il ne s'élève guère au-dessus d'une honnête versification. Il justifie tout à fait, en consacrant entièrement son génie au théâtre, ce qu'il a écrit à Colbert à propos de Mignard, à savoir que :

... les emplois de feu demandent tout un homme.

LE CLASSICISME

En vérité, Nicolas Boileau (1636-1711) exagère en complaisance affectueuse quand il dit qu'Apollon tient « tous ses trésors ouverts » à Molière. A ce compte, Boileau lui-même mériterait d'être tenu pour un grand poète. Il passe en tout cas de loin les vertus poétiques, au sens bien restreint qu'il en a, dont il gratifie Molière, ne serait-ce que par sa façon humble et douloureuse — avouée dans sa *Satire II* — de quêter la véritable poésie dans « l'étroite prison » où la rime et la raison sont enchaînées.

A ce poète qui confond versification et poésie, sueur bureaucratique et manne céleste, mais qui pressent pourtant que le « bizarre » et le « hasard » contre lesquels il combat ont autant « d'à-propos » dans un poème que les froides stipulations lexicales de son « triste métier », Jean-François Régnard (1655-1709), l'auteur du *Joueur*, des *Folies amoureuses* et autres brillantes comédies, a donné un peu trop férocement les étrivières dans un *Tombeau de M. Boileau-Despréaux* qui, tout bien pesé, a autant, mais pas davantage de verve que certaines satires de son adversaire, certain débraillé à la Régnier et certaine causticité grinçante, qui sent par avance son XVIIIe, s'y ajoutant toutefois à défaut d'une grâce poétique que n'eurent ni l'un ni l'autre.

Cette grâce, Jean de La Fontaine (1621-1695) la possède au point de n'en savoir que faire et de la prodiguer en menus opéras et divertissements, avant de l'employer à une œuvre de fabuliste si parfaitement recevable par le génie français et si parfaitement réussie, qu'elle deviendra quelque chose comme un de ces monuments publics dont on oublie à la longue l'histoire, le matériau et, enfin, l'esprit — ou la grâce, précisément — qui suscita leur érection. Pour tout le monde, La Fontaine, et son nom même y a prêté, est devenu un « lieu commun », plein de fraîcheur et d'innocence, de verdure et de braves bêtes, où l'on se doit de conduire très tôt ses enfants car on s'y amuse et instruit tout ensemble sans le moindre danger. Une espèce de *Disney's land*, en somme...

Pourtant, même s'il advient, mais c'est très rare, que La Fontaine s'attache à décrire les animaux qu'il met en scène — mais alors il les croque de main de maître :

> Un jour, sur ses longs pieds, allait, je ne sais où,
> Le héron au long bec emmanché d'un long cou...

la « comédie aux cent actes divers » qu'il écrit de fable en fable est une comédie dont l' « univers » se limite à celui des hommes, lesquels ne sont affublés de masques zoomorphiques que par prudence. Comédie pessimiste du reste et misanthropique (ce en quoi l'œuvre du pseudo- « bonhomme » La Fontaine n'a pas grand-chose à voir avec la mission éducative dont on continue de la vouloir charger) puisque seules y triomphent la violence, la flatterie et la ruse.

Pourquoi cette prudence ? Parce que La Fontaine sait trop ce qu'il en coûte de n'en pas avoir quand on vit sous l'absolutisme. Donner de l'homme une image véridique ne serait pas moins dangereux que de s'en prendre à l'autorité royale. La Fontaine, qui devra attendre trente ans pour que Louis XIV lui pardonne d'avoir pris la défense de Fouquet et moqué

> Cette foule de gens qui s'en vont chaque jour
> Saluer à longs flots le Soleil de la Cour...

trouve moins risqué de s'en prendre symboliquement au lion, au loup, au serpent ou au renard. Même si, dans la « moralité » de certaines de ses fables, il nomme carrément la cible qu'il vise et touche :

> Selon que vous serez puissant ou misérable
> Les jugements de cour vous rendront blanc ou noir,

il a protégé son affût de tant de plumages et pelages qu'il prend de court sa victime. Et puis, il a un autre alibi : celui, tout à fait convenable et même recommandé, de l'imitation des Anciens, Esope en particulier, à qui il emprunte, en fait, beaucoup moins qu'il n'ajoute :

> Mon imitation n'est point un esclavage.

Au vrai, La Fontaine n'imite personne. Certes, il ne cache pas ce qu'il doit dans ses *Contes* à Boccace et, pour d'aucuns, à Rabelais, ni ce que son *Adonis*, son *Elégie aux nymphes de Vaux* et toute son œuvre lyrique doivent à la fois, quant à leur précision de terme et à leur mélodie, à Malherbe, à Racan et à Maynard, et en quoi il est proche à la fois d'un Marot, d'un Théophile de Viau et d'un Tristan l'Hermitte. Mais le génie de cet errant, tout ensemble bouillonnant et tranquille, est à tel point authentique, qu'il fait, de tout ce qu'il butine, un miel qui n'appartient qu'à lui. Le chicanerons-nous de n'aimer point Ronsard à qui il reproche d'être « dur, sans goût, sans choix », alors qu'il avoue sa reconnaissance envers Voiture et lui emprunte quelques roulades hyper-précieuses ?

La vérité de La Fontaine est bien ailleurs qu'en ce genre d'acrobaties sur la carte du tendre. Elle est, par exemple, en son art inouï de la mise en scène, qui lui permet, en quelques mots seulement, de peindre tout un tableau mouvant, coloré et bruyant :

> Dans un chemin montant, sablonneux, mal aisé
> Et de tous les côtés au soleil exposé,
> Six forts chevaux tiraient un coche...

et il faut la chercher aussi, cette vérité de La Fontaine, dans l'espèce de « génie fantasque, brouillon, narquois, celui des vieux poètes français, du fabliau aux grotesques » que Claude Roy le voit maintenir « au prix de la disgrâce du roi et des foudres de son ami Boileau... dans ce siècle ratissé ». Il s'agit moins pour lui de moraliser que de reprendre, avec une liberté d'expression et d'animation qui se moque des précisions géographiques, zoologiques et chronologiques, la fable incongrue, merveilleuse et souriante à laquelle tous les peuples ont collaboré (1).

---

(1) Les fables de La Fontaine, dira Jean Giraudoux, sont nos contes des mille et une nuits.

Enfin, dans les *Fables* elles-mêmes aussi bien que dans *Adonis* ou *Psyché*, s'affirme, de préférence en longs vers coulés, dont Racine seul égalera l'envoûtante mélodie, ce qui est la plus secrète figure du plus vulgarisé de nos poètes : un romantisme avant-la-lettre, d'ores et déjà pétri de tous les rêves, d'ores et déjà vibrant d'un désir désespéré de se fondre dans le cosmos ; d'ores et déjà requis d'une nouvelle invention de l'amour :

> ... Jusqu'au sombre plaisir d'un cœur mélancolique...
> ... Celui de qui la tête au ciel était voisine
> Et dont les pieds touchaient à l'empire des morts.

> ... Jours devenus moments, moments filés de soie,
> Agréables soupirs, pleurs enfants de la joie,
> Vœux, serments et regards, transports, ravissements,
> Mélange dont se fait le bonheur des amants.

La Fontaine meurt en 1695. Boileau lui survivra seize ans. Louis XIV ne mourra qu'en 1715. Le soleil du Classicisme et les menus astres, qui — précieux et baroques — ajoutèrent à sa lumière bien plutôt qu'ils ne la contrarièrent, se sont alors bien estompés. Estompés seulement... Pour certains historiens de notre littérature, le Classicisme aurait rendu l'âme dès 1680. Pour d'autres, que nous rejoignons, Malherbe et Boileau n'ont nullement fini de légiférer. Suffit à le prouver le fait qu'avant Baudelaire nul n'ait osé sérieusement mettre en doute que « Ce qui se conçoit bien s'énonce clairement » ; qu'avant Rimbaud, personne n'ait osé sérieusement « toucher au vers » ; que, de nos jours encore, tant de gens prennent pour de la poésie n'importe quelle « maligne prose » habillée en vers. Et l'on prouverait également sans peine que ni la préciosité ni le baroquisme n'ont disparu de notre poésie, voire même qu'ils n'ont jamais été plus vivants qu'aujourd'hui.

Chapitre V

UN DÉSERT « ÉCLAIRÉ »
LE XVIIIe SIÈCLE

L'Académie française vantait en 1694 « la gravité et la variété des « nombres » de notre langue, la juste cadence de ses périodes, la douceur de sa poésie, la régularité de ses vers, l'harmonie de ses rimes, et surtout cette construction directe qui, sans s'éloigner de l'ordre naturel des pensées, ne laisse pas de rencontrer toutes les délicatesses que l'art est capable d'y apporter ». Le XVIIIe siècle, qui hérite de ces qualités, ne songe d'aucune façon à les remettre en cause. Il va, au contraire, essayer de les perfectionner. Voltaire ira jusqu'à souligner dans Corneille et Racine « toutes les fautes de langage qui s'y sont glissées » et à reprocher à La Fontaine d'être tombé dans « le familier, le bas, le négligé, le trivial ». Ce purisme exagéré ne peut qu'être préjudiciable à la poésie. A force de raffiner la prosodie, les poètes du XVIIIe en font une langue morte et l'on peut à bon droit parler de « désert poétique français » jusqu'à l'apparition d'André Chénier (1762-1794).

Siècle des « Lumières », siècle des « pensers nouveaux », siècle aussi de l'inquiétude et des pires contradictions philosophiques et sociales, le XVIIIe n'a pas les poètes qu'il mérite alors qu'il est riche en prosateurs de haute volée. Maurice Nadeau le souligne, c'est dans l'œuvre de ceux-ci, notamment Diderot, Marivaux, Chamfort, Laclos, Rousseau et Sade, que l'on irait chercher la poésie de cette époque « si l'on donnait au mot poésie le sens qu'il a pris aujourd'hui ». Ce sens, les meilleurs esprits du XVIIIe sont à deux doigts de l'appréhender quand, avec Diderot, ils reprochent aux poètes d'être « sans principes » et de « regarder sottement la philosophie comme la cognée des beaux-arts » ou quand ils voient, avec Fontenelle, dans ce qui prétend être de la poésie et n'est que de la versification, « un système absolument faux et ridicule ».

Boileau faisait la chasse aux épithètes, qu'elles fussent froides ou chaudes. Ses successeurs, au contraire, les assemblent à satiété, s'en couronnent et s'en barbouillent, comptent sur elles pour les alimenter en rimes, multiplient les constructions amphigouriques dont les Précieux leur ont donné l'exemple, sacrifient sans cesse à une mythologie exsangue et se refusent à toute allusion au monde réel. Tout ce que l'on peut attendre d'eux, c'est une « poésie légère », harmonieuse en ses meilleurs moments, pédante et vide la plupart du temps. Veulent-ils, comme Jean-Baptiste Rousseau (1671-1741) dans ses *Odes* et ses *Allégories*, se hausser à la grande poésie, ils se boursouflent et crèvent, telle la grenouille de La Fontaine. Les plus conscients d'entre eux, Antoine Houdar de La Motte (1672-1731), par exemple, se demandent s'il ne faudrait pas supprimer la rime mais n'en continuent pas moins d'assimiler la poésie à un « discours » dont le but n'est « que de se faire entendre » et, n'arrivant pas à se défaire de cette religion de la clarté, préfèrent renoncer à écrire des vers.

De ce désert, quelques dunes ou quelques touffes émergent cependant. Il y a chez Alexis Piron (1689-1773) un mélange de gentillesse et de causticité assez plaisant. Piron, qui préférait les cafés aux salons et la licence aux métaphores de bon ton, paya de son siège à l'Académie le plaisir qu'il avait pris à écrire une *Ode à Priape*. Louis Racine (1692-1763), s'il n'a pas le génie de son père, mérite bien quelque attention pour son poème sur *La Religion*, où il y a de pénétrantes vues philosophiques, exprimées avec une espèce d'audace baroque qui peut encore nous séduire :

> Si du sel, ou du sable, un grain ne peut périr,
> L'être qui pense en moi craindra-t-il de mourir ?

Voltaire (1694-1778) ne rencontre qu'exceptionnellement la poésie dans son épopée, *La Henriade*, dans ses grands poèmes philosophiques *(Sept Discours en vers sur l'Homme, La Loi naturelle)* et dans ses tragédies *(Zaïre, Mahomet, Mérope)* alors que, dans ses *Odes*, ses *Epîtres* et dans ses *Stances à Mme du Châtelet*, il la découvre à l'improviste, à la fois familière et précieuse, s'échauffant comme il faut à ses propres ardeurs. S'il est bien difficile de relire sans bâiller le *Vert-Vert* de Gresset (1709-1777), qui se veut pourtant satirique, si l'on a peine à comprendre qu'en leur temps on ait pu tenir pour des poètes un Lefranc de Pompignan (1709-1784), un Bernis (1715-1794), un Saint-Lambert (1716-1803) ou un Ecouchard-Lebrun (1729-1807), surnommé en toute modestie Lebrun-Pindare ; si l'on ne parvient pas à trouver la moindre paillette de poésie dans les menues rivières verbales de Ducis (1733-1816) — qui eut tout de même un mérite, celui de traduire Shakespeare — ou de Florian (1755-1794), qui fabulise dans le sillage de La Fontaine mais par trop loin derrière, et si « la facilité de rimer impromptu » d'un La Harpe (1739-1803) nous paraît bien insuffisante en matière de vertu poétique, on peut, sans bienveillance excessive, trouver des mérites certains à Jacques Delille (1738-1811), à Evariste Parny (1753-1814), à Nicolas Gilbert (1751-1780), à Charles-Hubert Millevoye (1782-1816) à Marie-Joseph Chénier (1764-1811).

Le premier, qui se veut intimiste et descriptif *(Les Jardins, L'Imagination, Les Trois Règnes de la Nature)* annonce parfois Lamartine et même Baudelaire :

> Viens, je me livre à toi, tendre mélancolie...
> Viens, le regard pensif, le front calme, les yeux
> Tout prêts à s'humecter de pleurs délicieux.

Parny, quand il ne tombe pas dans l'érotisme,
se montre pareillement en avance sur son temps ;
Musset aussi bien que Lamartine auraient pu signer
maints vers de son *Projet de solitude* et Gilbert,
dans ses *Carnets du misanthrope*, s'exprime de
même en romantique avant la lettre. Quant à Millevoye, ses *Elégies*, surtout *La Chute des feuilles*,
qui est restée justement célèbre :

> Et dans chaque feuille qui tombe
> Je lis un présage de mort.

font mieux qu'annoncer le Romantisme, elles le
contiennent déjà. Comment, enfin, ne pas reconnaître au jacobin Marie-Joseph Chénier, auteur du
Chant du Départ et de diverses tragédies, une sorte
de faconde emportée, généreuse, qui donne ses meilleurs fruits dans son *Discours sur la calomnie*, où
il se défend de n'avoir rien tenté pour épargner la
guillotine à son frère.

Ce frère, dont les vers, « dictés pour l'avenir »,
écrit Marie-Joseph, ne seront en effet publiés qu'au
XIXe siècle, surpasse de très haut tous les poètes
du temps qui l'a vu naître. Il n'est pourtant pas sans
partager certaines de leurs faiblesses, soit qu'il épicurise et friponne gentiment, comme Bertin et
Parny, soit qu'il se lance dans de grandes machines
didactiques à la Lebrun ou à la Jean-Baptiste
Rousseau *(Hermès, La Superstition)*, soit encore
qu'il se complaise aux circonvolutions stylistiques
héritées des Précieux. En revanche, il n'entre chez
lui aucune once du conformisme auquel s'appliquent
ses prédécesseurs et ses contemporains, qu'il s'agisse
d'exprimer des sentiments, des sensations et des
idées ou de s'inspirer d'une Antiquité remise au
goût du jour par les archéologues français qui
retournent la cendre au pied du Vésuve. Ce qu'il

éprouve, il le dit avec fraîcheur et vivacité, sans craindre d'aucune manière que la nouveauté de certains « pensers » — y compris l'athéisme auquel il souscrit — fasse tache dans les « vers antiques » dont il entend poursuivre l'emploi. A demi Grec par sa naissance, ce n'est point en imitateur qu'il retourne aux Anciens, mais en compatriote exilé dans l'espace et le temps, et les leçons qu'il leur demande, en particulier à Homère et à Virgile, dont il a une profonde connaissance, sont des leçons d'invention, non de diction ou de maintien.

Cette « invention », qui vise à reconstituer dans son essence une émotion directement ressentie et, dans sa totalité, le monde antérieur ou postérieur dont cette émotion n'est qu'un passage, Chénier l'obtient en usant d'un procédé qui rappelle celui du Poussin de la campagne romaine : il traite, plus ou moins à fond, dans la chaleur de l'inspiration, des fragments qu'il assemble ensuite à loisir en observant d'instinctives lois de composition. Certes, la fin prématurée de l'auteur de *L'Aveugle*, du *Mendiant*, de *La Jeune Tarentine* et de *La Jeune Captive*, exécuté deux jours avant la fin de la Terreur, explique l'inachèvement de certains de ses poèmes. Sa manière de travailler l'expliquerait tout aussi bien et que, dans ses pièces les plus indiscutablement poussées jusqu'à leur terme, maints passages sont à prendre chacun comme un tableau-en-soi, qu'un « puis », un « mais » ou un « et » relie un peu artificiellement au tableau qui lui succède.

L'unité existe pourtant, sans la moindre solution de continuité, et c'est la voix de Chénier qui l'assure, une voix fluide, coulée, qui enrobe et patine les couleurs et les joints de la composition tout comme elle fait sauter les rivets par trop mathématiques du vers malherbien. Chénier n'est pas le premier à pratiquer l'enjambement, voire à escalader la césure médiane, mais il est le premier à le faire avec autant de grâce que d'autorité ; le premier aussi à se satisfaire çà et là de rimes un peu pauvres : « sanglots-cachots », « infidèle-éternelle » ; le premier enfin à formuler une définition de la poésie qui peut nous convenir encore :

> Un langage imprévu, dans son âme produit,
> Naît avec sa pensée et l'embrasse et la suit ;
> Les images, les mots que le génie inspire,
> Où l'univers entier vit, se meurt et respire...

Avec *La Jeune Captive*, écrit aux portes de la mort, et plus encore avec les *Iambes*, Chénier illustre en outre un genre qu'on n'a guère vu fleurir en France depuis Agrippa d'Aubigné et dont on s'étonne qu'il n'ait donné que peu de fruits remarquables pendant la Révolution française, celui de la poésie politique. Victor Hugo, qui sera l'homme d'une tout autre cause, se souviendra manifestement, dans *Les Châtiments* et dans *L'Année terrible*, de vers comme ceux-ci :

> On vit ; on vit infâme. Et bien ? Il fallut l'être ;
> L'infâme après tout mange et dort.

Chapitre VI

LE ROMANTISME
UNE INSURRECTION DE L'AME

Le mot Romantisme, prononcé en juillet 1816 par Schlegel chez Mme de Staël, à Coppet, étonne Byron, qui l'entend pour la première fois. L'anecdote est d'autant plus plaisante que l'auteur du *Pèlerinage de Childe Harold*, tout comme ses compatriotes du XVIIIe siècle Macpherson, Richardson, Blake, Southey, Wordsworth, Ann Radcliffe, a au moins autant de titres à réclamer la paternité de la « chose » appelée Romantisme que Gœthe, Hölderlin, Novalis, Senancour ou Chateaubriand.

Libre cours donné à l'expression des passions, à l'épanchement du rêve et de l'imagination, affirmation d'un « je » qui, jusqu'alors, s'étranglait dans les tacites obligations de l'objectivité, victoire du sentiment sur la raison, du mystère sur la clarté, du chromatisme sur le trait, du contraste sur la nuance, du plaisir aux mots sur l'artisanat verbal, tout cela, qui ne donne du Romantisme qu'un contour assez flou, mais suffisamment situé pour qu'on y voie le contraire même du Classicisme, s'est déjà accompli, plus ou moins consciemment, à maints stades de l'histoire littéraire et poétique mondiale. Il y a du romantisme chez les tragiques grecs, il y en a dans le chant le plus profond d'Horace, il y en a chez Shakespeare, chez d'Aubigné, chez Corneille, chez Chénier dont tels vers pourraient être de Lamartine :

O nuit, nuit douloureuse! O toi, tardive aurore,
Viens-tu ? Vas-tu venir ? Es-tu bien loin encore ?

Et comment ne pas trouver, dans l'élocution d'un Théophile de Viau et l'espèce de symbiose qui s'accomplit entre son âme et les éléments, ou bien dans les cauchemars et les inventions merveilleuses d'un Sigogne, ou bien encore dans les trouvailles insolites et les paillardises blasphématoires des burlesques, autant de liberté lyrique, autant d'audace imaginative, voire autant de « frénésie » que dans les œuvres des romantiques les plus intransigeants, c'est-à-dire Philothée O'Neddy (1811-1875), Pétrus Borel (1809-1859), Alphonse Esquiros (1812-1876) et autres « bousingots » — ainsi nommés parce qu'ils s'affublent de chapeaux de marin appelés bousingots — qui poussent le Romantisme à sa pointe extrême alors que Ronteix a cru pouvoir, dès 1829, en publier l'histoire !

Cette histoire, dont nous verrons de nouveaux épisodes s'accomplir fort avant dans le siècle avec un Tristan Corbière (1845-1875), un Isidore Ducasse, dit Lautréamont (1846-1870), et un Arthur Rimbaud (1854-1891), qui, même s'ils s'en défendent, sont bel et bien des romantiques et particulièrement exaspérés, voire au siècle suivant avec la convulsion surréaliste, cette histoire du Romantisme français ne commence point sous le signe de la colère et de l'insurrection. Avant que le gilet rouge de Théophile Gautier (1811-1872) — des témoins affirment au demeurant qu'il était rose — et les gifles assénées aux Anciens par les Modernes lors de la « bataille d'*Hernani* » (25 février 1830) ne composent une image d'Epinal si violemment frappante qu'elle entretiendra la postérité dans une représentation révolutionnaire du triomphe romantique, bien des œuvres, romantiques à proprement parler, avaient vu le jour sans bouleverser la conscience poétique du temps. Par exemple, les *Elégies et romances* (1819) de Marceline Desbordes-Valmore (1786-1859). Hugo, Lamartine, Vigny, Sainte-Beuve, Baudelaire admireront grandement les vers de cette comédienne et chanteuse de second ordre, longtemps errante de ville en ville et d'amour en amour, qui semble n'avoir d'autre ambition que de dire les blessures et les flammes de son cœur mais trouve, d'instinct, un langage original et fécond, musical au possible, déjà verlainien parfois :

> Ma demeure est haute
> Donnant sur les cieux ;
> La lune en est l'hôte
> Pâle et sérieux

et qui saura aussi bien s'engager dans la poésie civique, à propos des hécatombes ouvrières de Lyon, que faire des découvertes verbales dont on peut encore s'étonner :

> Et toi, dors-tu, quand la nuit est si belle,
> Quand l'eau me cherche et fait couler mes pleurs ?

Les Méditations poétiques, qu'Alphonse de Lamartine (1790-1869) publie en 1820, s'introduisent pareillement sans fracas dans la poésie française. Si l'on ne craignait de tomber dans le paradoxe, on irait jusqu'à dire que c'est en utilisant le courant classique que le premier en date de nos grands Romantiques permet au Romantisme de s'insinuer le plus sûrement chez nous.

Il serait facile de reprocher à Lamartine autant de chevilles et d'expressions toutes faites qu'à maints poètes académiques qui ressassent sans fin la leçon de Boileau, voire d'aller cueillir des vers lamartiniens chez Pierre Baour-Lormian (1770-1854) ou Casimir Delavigne (1793-1843) qui furent les têtes de Turc du Romantisme. Ce qui change, avec Marceline Desbordes-Valmore et Lamartine, c'est non seulement la tonalité générale de la diction, mais la sensibilité, la façon d'être et de se penser, par rapport à la création et à la société. Chez Lamartine, comme chez la plupart des Romantiques, le retour à Dieu et la préoccupation politique, le mysticisme de l'amour et la religion de la nature seront, à peu près au même titre, des réactions irréversibles contre le rationalisme sceptique et desséché, si gracieux et spirituel qu'en puisse être l'expression, dont les poètes du XVIIIe avaient fait peureusement leur ordinaire.

C'est en toute tranquillité courageuse que Lamartine fait, lui, son ordinaire de la réalité de ses sentiments personnels mais en donnant à cette réalité intime une dimension, une animation et une coloration lyriques qui lui confèrent une valeur et une résonance universelles. Luc Decaunes dit fort bien que le Romantisme est « une manière de s'exprimer... dans le sens d'un soulèvement intérieur qui est comme une surenchère de la réalité » et il nous renvoie non moins justement à la *Confession d'un enfant du siècle*, d'Alfred de Musset (1810-1857), pour nous aider à comprendre en quoi tous les tempéraments du Romantisme, si différents soient-ils, se fondent en un seul, celui d'une « génération ardente, pâle, nerveuse, conçue entre deux batailles » qui, arrivée à l'âge d'homme, débouche sur un « monde en ruines » auquel elle oppose non seulement, comme le dira Baudelaire, sa turbulence et son ennui, mais une sorte de rébellion collective, celle de l'âme et de l'imagination. Dans *Les Méditations poétiques* et dans les recueils ou les grands poèmes qui suivront — *Nouvelles Méditations poétiques*, *Harmonies poétiques et religieuses*, *Jocelyn*, *La Chute d'un ange*, *Recueillements poétiques*, enfin *La Vigne et la maison*, qu'il donne à soixante-sept ans après un long asservissement à la prose alimentaire et qui est le sommet de son œuvre, Lamartine ne se déprendra jamais d'un accent nostalgique, sinon funèbre, qui pourrait être revendiqué par tous les poètes des années 1820 :

> Je contemple la terre ainsi qu'une ombre errante :
> Le soleil des vivants n'échauffe plus les morts.

mais, constamment, il se sauve par son recours à cette « émotion-en-soi » — que définira Pierre Reverdy un siècle plus tard — à laquelle s'identifie toute poésie consciente d'elle-même. Les poèmes les plus connus de Lamartine, notamment *Le Lac* :

> O temps, suspends ton vol, et vous, heures propices,
> Suspendez votre cours

et ceux qu'il chargea le plus d'ambitions philosophiques ou politiques — *Jocelyn, La Marseillaise de la Paix* — ne sont pas les meilleurs. Ils sont ou par trop mous ou par trop laborieux. En revanche, quand Lamartine laisse, dirons-nous en le paraphrasant, mûrir la sève de ses fruits et les rythmes nombreux déborder sa pensée :

> Salut, bois couronnés d'un reste de verdure !
> Feuillages jaunissants sur les gazons épars...
> Et les ombres, les vents, et les flots de l'abîme,
> Vers cette arche de feu tout paraissait courir...
> Ne presse pas ces jours qu'un autre doigt calcule
> Bénis plutôt ce Dieu qui place un crépuscule
> Entre les bruits du soir et la paix de la nuit...

il justifie pleinement le jugement qu'en 1969, aux termes d'une révision de son « cas », cent ans après sa mort, porteront sur lui des confrères et des critiques dont il n'avait à espérer nulle tendresse, à savoir qu'il fut, vraiment, un grand poète.

Les sons « tristes et mélodieux » par lesquels Lamartine s'exprime plus sûrement que par les mots s'ordonnent en un vers qui, mis à part quelques faiblesses syntaxiques, quelque abus des épithètes et certains enjambements — fort efficaces au demeurant — n'irriterait pas le plus vétilleux des Classiques. Le :

> *Sur des pensers nouveaux faisons des vers antiques*

de Chénier, dont le poète Henri de La Touche (1785-1851) a donné la première édition en 1816, est la règle d'or de l'auteur du *Lac* et le demeurera pour tous les Romantiques. Seul Victor Hugo (1802-1885) montrera — montrera seulement — le chemin d'une libération prosodique en variant la coupe de l'alexandrin et en multipliant les enjambements. En fait, le Romantisme, s'il a remis en question toutes les valeurs morales et ouvert une brèche fort sérieuse dans la cloison assez peu précise qui sépare le conscient de l'inconscient, la vie réelle du songe, le fini de l'infini, n'a aucune révolution formelle à son actif, du moins en poésie. Alfred de Vigny (1797-1863) ne s'en soucie pas plus que Lamartine, vis-à-vis de qui, en matière de diction versifiée, il est un peu comme Corneille vis-à-vis de Racine, en ceci que le rythme l'emporte chez lui sur la mélodie et qu'il a même, parfois, des arêtes, à tout le moins des rugosités dont le rapport est direct avec son caractère altier, sa noblesse pointilleuse :

> *J'ai mis sur mon cimier doré de gentilhomme*
> *Une plume de fer qui n'est pas sans beauté.*

Avant tout occupé de donner une forme épique à quelques mythes et symboles philosophiques dont il est hanté, Vigny, dans les *Poèmes antiques et modernes* (1822) et *Les Destinées*, s'élève pourtant aux plus hauts sommets de la poésie. On ne peut, certes, regarder avec indifférence son propos d'incarner en Moïse et Eloa la solitude du génie et le chassé-croisé du Bien et du Mal, mais on est surtout sensible, avec le recul du temps, à la façon dont il l'a exprimé. Vigny, dit Henri de Régnier, « fut d'âme passionnée et mélancolique... la beauté de ses poèmes a ceci de surnaturel qu'elle se dégage souvent de la forme la plus embarrassée et la plus maladroite. On y sent la pensée aux prises avec une difficulté d'expression où elle succombera parfois, mais d'où elle sort souvent radieuse et résumée aux plus beaux vers qui aient jamais été écrits ». Régnier a raison et l'on pardonne aisément à Vigny de laborieuses descriptions à la Jean-Baptiste Rousseau ou des périphrases alambiquées dignes des Précieux du XVIIe siècle, pour avoir composé, en remontant aux sources antiques et bibliques aussi bien qu'en s'inspirant de la geste de Charlemagne, de la vie pastorale, des drames de la vie animale, des conflits sanglants qui déchirent le monde moderne ou des éternelles chaleurs de l'amour, des alexandrins tour à tour pleins d'ombre et de mystère, de force rude, mais salubre, et pénétrés d' « une sorte de moiteur brumeuse et étincelante » :

> O Seigneur ! J'ai vécu puissant et solitaire :
> Laissez-moi m'endormir du sommeil de la terre...
> L'espoir d'arriver tard en un sauvage lieu...
> Pleurant comme Diane au bord de ses fontaines
> Ton amour taciturne et toujours menacé.

Certes, Vigny est pessimiste. Mais quand il dit tout aimer « dans les choses créées » ou quand il juxtapose une maxime de stoïcien et une recommandation de courage existentiel sinon civique :

> *Gémir, pleurer, prier est également lâche.*
> *Fais énergiquement ta longue et lourde tâche.*

ne peut-on tenir ce pessimisme pour « positif » et, comme tel, générateur d'espoir ? Vigny, si retranché qu'il se voulût de ses contemporains, si hostile qu'il s'affirmât au progrès matériel, nous a légué finalement un roboratif exemple dont les grands Romantiques — hormis Hugo ! — n'ont guère eu souci de nous doter.

Ces grands Romantiques, Victor Hugo, bien qu'il fût un peu court de taille et en souffrît, les domina tous du front. Un front, dit Théophile Gautier, « vraiment monumental qui couronnait comme un fronton de marbre blanc son visage d'une placidité sérieuse ». Philarète Chasle (1799-1871), campant au moral celui qui, d'emblée, est reconnu par la Jeune France romantique comme son chef dès 1827, dit combien plus importantes que les « forces romaines » étaient chez celui-ci les « forces castillanes ». Le célèbre :

> Mon père, vieux soldat, ma mère, Vendéenne

et le non moins fameux : « être Chateaubriand ou rien » jeté par Hugo sur ses cahiers, à quatorze ans, achèvent le portrait. Avant de tourner au libéralisme puis au républicanisme et de pouvoir noter : « la révolution littéraire et la révolution

politique ont opéré en moi leur jonction », Hugo
— fils d'un officier républicain, puis bonapartiste,
et d'une « femme de tête » qui, d'après *Quatre-vingt-treize*, avait été une héroïne de la chouannerie — est
carrément monarchiste et en tire profit. Tout à fait
probants à cet égard sont le titre de la revue qu'il
fonde, à dix-sept ans, *Le Conservateur littéraire*, la
gratification de 500 francs qu'il reçoit, à dix-huit
ans, de Louis XVIII pour son *Ode sur la mort du
duc de Berry*, la Légion d'honneur qui lui est donnée
en 1825, à vingt-trois ans, et l'invitation qui lui
est faite, la même année, d'assister au sacre de
Charles X, invitation qu'il paie d'une *Ode sur le
sacre* publiée par l'Imprimerie royale.

Dans quelle mesure le royalisme du jeune Hugo des *Odes
et ballades* (1826) s'explique-t-il à la fois par son admiration
pour Chateaubriand et par l'hostilité qu'il éprouve pour son
père, qui a mené la belle vie avec une maîtresse en Italie et
en Espagne tandis que Mme Hugo était recluse à Paris ?
On épiloguerait facilement sur cette seconde explication, qui
expliquerait de même que Hugo sera tout aussi « mal marié »
que ses parents et donnera à ses propres enfants le spectacle
d'un déchirement conjugal analogue à celui dont ses frères
et lui ont été les témoins. Quant aux « forces castillanes »,
d'où il tirera, tout comme Corneille, un sentiment à la fois
tragique et fier de la vie et nombre d'effets quelque peu
baroques, il les a acquises en Espagne même (où sa mère,
qui espérait encore rétablir son foyer en rejoignant son mari,
nommé gouverneur de Madrid, l'a emmené avec ses frères,
en 1811), et acquises de telle sorte, dans le climat atroce et
misérable que peindra si bien Goya, qu'il en sera à jamais
marqué.

Qu'on ajoute à ces éléments de formation la
découverte, grâce à Charles Nodier (1780-1844),
du véritable génie de Shakespeare, occulté jusqu'alors par de piètres traductions, et l'on comprend
mieux pourquoi Hugo, s'arrachant aux honneurs
et au confort intellectuel que lui ont valu, beau-

coup trop tôt, des poèmes que leur bel éclat et leur robuste haleine ne suffisaient pas à différencier foncièrement des *Messéniennes* de Delavigne, devient en 1827 le bouillant apologiste en vers, dans *Cromwell*, d'un révolutionnaire régicide. L'intérêt de *Cromwell* tient surtout à la déclaration de guerre au Classicisme que constitue sa préface : « le drame substitué à la tragédie, l'homme au personnage, le réel au convenu ». Le fier et quelque peu exagéré :

J'ai mis le bonnet rouge au vieux dictionnaire

lancé par Hugo, complète une doctrine revendicable par tout le Romantisme, que l'auteur des *Orientales* (1829), des *Feuilles d'automne* (1831), du *Chant du Crépuscule* (1835), de *Les Rayons et les ombres* (1840), de *Les Contemplations* (1856) et de *Les Quatre Vents de l'Esprit* (1881), illustrera avec plus d'ampleur et de vigueur que tous les poètes de son école et beaucoup mieux, en définitive, dans ses poèmes que dans son théâtre, dont le retentissant échec des *Burgraves* (1843) marque la fin.

Quand André Gide et Léon-Paul Fargue disent, l'un que « Victor Hugo, hélas ! » est le plus grand poète français, l'autre qu'il est un « poète d'avenir », ils se contredisent moins qu'ils ne ramènent à ses maigres proportions l'idée que l'on se fait, en France, de la poésie depuis Boileau. Ce qui gêne Gide comme la plupart des Français, c'est, chez Hugo, une fécondité verbale à tel point poussée qu'elle engendre un espace et un temps où la boussole et la pendule de la raison ne sont d'aucun secours ; c'est une respiration et un tapage épiques — non seulement perceptibles dans *La Légende des siècles* (1859-1877), dans *La Fin de Satan* (1886) et dans le posthume chef-d'œuvre *Dieu* (1890), mais dans tous les poèmes, brefs ou longs, subjectifs ou objectifs de Hugo — qui rompent totalement avec la diction mesurée, gracieuse, à la rigueur mélancolique ou discrètement éloquente, dont la prose consent à la poésie l'exercice, étant bien entendu qu'il s'agira toujours de dire un monde où les hommes n'ont point réellement commerce avec les dieux, les forces élémentielles ou les démons du sang.

Enfin, Hugo fût-ce pour exprimer des joies et des souffrances que chacun peut éprouver, théâtralise par trop son vers et son propre personnage pour ne pas choquer le fameux « goût français ». Trop de cris et pas assez de soupirs. Trop d'antithèses et pas assez de nuances. Il faut que *Les Châtiments* (1853) coïncident avec l'état de stupeur révoltée où le coup d'Etat de Napoléon III a plongé la France pour qu'on reconnaisse en son auteur exilé la voix même de la conscience nationale. Encore ne manque-t-il pas de bons esprits pour le qualifier de « Jocrisse à Patmos ».

L'avenir, c'est-à-dire notre temps, remet donc Hugo à sa juste place. Ce n'est pas celle qu'il s'est vu donner par son siècle pour avoir trop — « hélas ! » — sacrifié au goût de celui-ci en versifiant, entre deux grands élans de son génie, des sensibleries prudhommesques et des « récitations » scolaires. La juste place de Hugo est tout simplement parmi les grands inspirés de tous les âges. Il les rejoint par sa perméabilité à la voix mystérieuse qui court et germine au fond des forêts obscures de l'esprit humain ; par son acquiescement à la vie organique du langage et sa certitude qu'il y a là quelque chose de sacré :

Car le mot, qu'on le sache, est un être vivant...
Les mots sont les passants mystérieux de l'âme...
Car le mot, c'est le Verbe, et le Verbe, c'est Dieu.

Aussi bien, les plus admirables poèmes de cet homme qui en a tant, sinon trop écrit, sont-ils ceux qu'il compose en état de transe, après avoir parfois amorcé sa machine verbale en lui donnant à digérer n'importe quelle phrase de douze syllabes qui lui est passée par la tête. Le surréalisme reconnaîtra à bon droit un précurseur en lui pour ce recours à l'automatisme, générateur de vibrations et d'images insolites que la seule raison ne saurait produire. Cet halluciné volontaire, ce visionnaire complice, ce satyre virtuose a été, en vérité, le Colomb de toutes les conquêtes que la poésie française a multipliées depuis le Romantisme. Baudelaire pourrait signer ce quatrain :

> Toutes les passions s'éloignent avec l'âge
> L'une emportant son masque et l'autre son couteau,
> Comme un essaim chantant d'histrions en voyage
> Dont le groupe décroît derrière le coteau.

et le Rimbaud du *Bateau ivre* et le Corbière des *Amours jaunes* ne peuvent cacher ce qu'ils doivent à Hugo ; et Mallarmé lui-même n'a pas pris ailleurs que chez celui-ci certain « que sa blancheur défend » ; et la flamboyante prosopopée de Lautréamont est encore hugolienne ; et sans le commerce de Hugo, combiné à celui de Whitman, l'unanimisme de Jules Romains n'eût peut-être jamais été...

Alfred de Musset (1810-1857) n'exercera point la même influence. Certes, il lui revient d'avoir parfaitement défini, dans *La Confession d'un enfant du siècle*, les circonstances qui ont fait naître et justifié la révolution romantique, mais son naturel à la fois élégiaque et badin le prédisposait mal à rompre avec le Classicisme. Avec cela, une grande répugnance au travail, à l'approfondissement l'empêchera de se mettre poétiquement au niveau de son destin personnel, dont le grand orage de sa passion pour George Sand et l'esclavage où le tint l'alcool sont les éléments majeurs. C'est peut-être l'excessive facilité avec laquelle, dans *Les Nuits* surtout, il met en vers des souffrances sentimentales pour lesquelles il n'était point fait, mais dont il s'enorgueillit quelque peu, qui lui a valu tant d'audience, surtout parmi les adolescents aux amours contrariées. On serait bien injuste pourtant si l'on ne trouvait à ses alexandrins les moins déclamatoires une fraîcheur de source, un charme musical digne de Racine et de Chénier, une coloration panique qui annonce l'*Après-midi d'un Faune*. *Rolla*, en particulier, est riche en vers de cette nature :

> Regrettez-vous le temps où le ciel sur la terre
> Marchait et respirait dans un peuple de dieux ;
> Où Vénus Astarté, fille de l'onde amère,
> Secouait, vierge encor, les larmes de sa mère
> Et fécondait le monde en tordant ses cheveux ?

La vague romantique qui, en 1830, s'est teintée fortement de rouge révolutionnaire, brasse maints poètes qui, nous l'avons déjà marqué, l'emportent en romantisme sur les grands chefs qu'ils se sont donnés. En siégeant à l'Académie, Hugo et les autres « Grands » en question ont tacitement reconnu un ordre moral et social qui procède du Classicisme et l'entretient. Les « petits Romantiques », eux, ne veulent point de cet ordre et le secouent rudement. « Un républicanisme misanthropique, écrit Baudelaire en 1861, fit alliance avec la nouvelle école et Pétrus Borel fut l'expression la plus outrecuidante et la plus paradoxale de l'esprit des Bousingots. » L'auteur des *Rhapsodies* (1832) et de *Madame Putiphar* (1839) qui se dit « lycanthrope », fonde sur les flancs de Ménilmontant une tribu de « canaques », s'embarque pour l'Algérie où pense-t-il, naîtra une nouvelle race issue du croisement du Franc et du Berbère, et meurt d'insolation pour n'avoir pas voulu se protéger la tête du soleil en mettant un chapeau (« ce n'est pas à moi de corriger la nature »), a, c'est vrai, surenchéri en frénésie sur ses contemporains romantiques. Dommage qu'il ait écrit par trop vite. Apologiste de la mort, du suicide, de la révolte sanglante contre toutes règles et tout confort, il coule de temps en temps sa lave en grands beaux vers :

> *La vie est une ronce aux pleurs épanouie.*

Philothée O'Neddy vante lui aussi, dans *Feu et flamme* (1833), la mort, « les villas des morts », le côté phalanstérien du néant. L'irréductibilité du poète à la condition humaine et la légitimité pour lui de s'autodétruire sont pareillement exaltées par Alphonse Esquiros dont les *Chants d'un prisonnier* (1841) contiennent des vers dont Baudelaire n'a pas pu ne pas s'inspirer :

> *C'est toujours le brouillard et c'est toujours l'automne*
> *Qui pleure à petit bruit sur nos fronts pénitents.*

Ces « frénétiques », ces « morbides », on en pourrait citer bien d'autres et ce serait pour regretter que leur lyre n'ait pas été suffisamment tendue pour empêcher le Romantisme de s'embourgeoiser trop tôt, comme s'embourgeoise Théophile Gautier (1811-1872) après avoir été le gilet-drapeau de la bataille d'*Hernani*. Si l'on ne peut faire grief à Baudelaire, dans sa dédicace des *Fleurs du Mal*, d'avoir tenu Gautier pour un « poète impeccable » — tant l'excellence formelle des *Emaux et Camées* nous frappe encore — on voit mal en quoi celui-ci fut un « parfait magicien ès lettres françaises ». Ce qu'il fut, c'est un peintre en vers, soigneux, de « petits sujets » plutôt que de fresques. Encore, et ce n'est pas peu, lui doit-on d'avoir affirmé, avec une concision admirable, que le seul irréfutable témoignage du passage de l'homme sur la terre est celui qu'il confie à l'art :

> *Tout passe. — L'art robuste*
> *Seul a l'éternité.*
> *Le buste*
> *Survit à la cité.*

Baudelaire, encore lui, dira très bien, à propos des *Iambes* politiques, au demeurant fort bien frappés, d'Auguste Barbier (1805-1882), que « la poésie se suffit à elle-même » et que « le vers fait par amour du vers a, pour être beau, quelques chances de plus que le vers fait par indignation ». Hugo n'avait pas voulu dire autre chose en donnant la précellence au « vers-proverbe » sur le « vers-cocarde ». Tout comme Barbier, mais plus encore, un Pierre-Jean de Béranger (1780-1857), poète-chansonnier qui fut pourtant célèbre en France et en Europe s'écarte de la véritable poésie en la voulant faire servir trop aveuglément ses desseins polémiques et un Auguste Brizeux (1803-1858) si émouvant soit-il, dans *Marie* (1831) et dans *Les Bretons* (1845), s'en éloigne de même en sacrifiant par trop à l'anecdote.

On est bien en revanche en pleine poésie et en plein romantisme avec Edgar Quinet (1803-1875) dont l'œuvre historique fera par trop oublier les sombres beautés d'*Ahasvérus* (1833) et les élans hugoliens de *Prométhée* (1888) :

> *Hymnes, prenez un corps et peuplez les royaumes*
> *De la visible immensité*

et l'on y est pareillement avec Maurice de Guérin (1810-1839), même si *Le Centaure* (1836), long poème panthéiste en prose qui, après les *Chansons madécasses* de Parny, affirme la naissance du genre, est un peu ennuyeux ; avec Hégésippe Moreau (1810-1838) dont la célèbre *Voulzie*, infiniment supérieure à ses poèmes politiques, traduit un sentiment de la nature, à la fois poignant et angélique, qui n'est pas si fréquent ; avec Aloysius Bertrand (1807-1841), poète en prose qui, dans son *Gaspard de la nuit* (1842), grave d'un trait sûr des estampes médiévales et sait échapper au carcan de la poésie descriptive par une hardiesse d'imagination dont le Max Jacob du *Cornet à dés* (1917) lui sera redevable ; avec Xavier Forneret (1809-1884) qui fait preuve d'une audace verbale, d'un humour noir et d'un goût du fantastique dont les surréalistes se pourlécheront.

Enfin, c'est aux ambitions les plus hautes du Romantisme que nous nous élevons avec Gérard de Nerval (1808-1855). S'il n'y a pas grand-chose à dire des premières productions de ce fils d'un médecin-major de l'Empire — *Napoléon et la France guerrière*, *Elégies nationales et Satires politiques* — les contes fantastiques qu'il publie, dès 1830, tout en travaillant à traduire Gœthe, Schiller, Klopstock et Burger, montrent en lui une frénésie égale à celle de Pétrus Borel et l'un d'entre eux, *La Main de gloire* (1832), affirme un goût du surnaturel qui, de plus en plus, le rapprochera des mystagogues et illuminés. S'il y a pour lui, comme pour tous les poètes de sa génération, une phase révolutionnaire alentour des années 30, il s'éloigne assez tôt des combats pour suivre sa pente naturelle qui est la rêverie. Mais quelle rêverie ? A la formule gracieuse mais banale qu'il emploie tout d'abord : « le rêve est un habit tissé par les fées et d'une délicieuse odeur », il ne tarde pas à en ajouter deux autres, qui feront date et feront loi, où se lisent sa véritable définition du rêve et son comportement avec celui-ci : « l'épanchement du songe dans la vie réelle », « diriger le rêve au lieu de le subir ». Pour Nerval, c'est les yeux ouverts qu'il faut rêver. Ainsi seulement accède-t-on au monde invisible en intégrant consciemment tous les mystères de l'esprit. *Les Chimères* seront écrites dans cet état de rêverie « hypernaturaliste » où le sens du message reçu est bien moins tributaire de la signification codale des mots que de leur pouvoir d'incantation et de suggestion. Il suffit de voir Nerval utiliser indifféremment un même groupe de vers dans plusieurs de ces sonnets, pour comprendre à quel point est difficile « l'intégration consciente », ce qu'elle suppose d'indécision entre l'abandon pur et simple à la dictée des « mystères », le dirigisme du scripteur et son souci de la composition.

Nerval, à propos d'*Aurélia*, s'est efforcé en outre, note Gérard Spitéri, de différencier « les songes prophétiques », c'est-à-dire « vrais », ceux qu'Homère, dans *L'Odyssée*, fait passer par la porte de corne, et les songes « faux » conçus par une sensibilité individuelle, qui passent par la porte d'ivoire ». Au vrai, songes vrais et faux se confondent chez lui en une transfiguration qui intéresse aussi bien les êtres et les choses qu'il connaît que toutes les mythologies dont il a abreuvé son insatiable curiosité, la culture immense qu'il a acquise et son propre comportement existentiel ou littéraire. Cette transfiguration, à laquelle Rimbaud tentera de parvenir par le « dérèglement des sens » et les surréalistes par le sommeil hypnotique, l'écriture automatique et l'emploi immodéré du « stupéfiant image », Nerval, qui ne l'attend que du rêve debout, y parvient au prix de sa raison et finalement de sa vie. « Cette folie qui n'existe que relativement aux autres » ne l'aura pourtant pas empêché de concevoir nettement et d'exprimer en clair un sentiment panique et cosmique de la création qui l'apparente autant à Lucrèce et à Pythagore qu'à Hugo :

> Souvent dans l'être obscur habite un dieu caché
> Et comme un œil naissant couvert par ses paupières,
> Un pur esprit s'accroît sous l'écorce des pierres.

Il n'empêche que les poèmes de lui qui nous demeurent les plus admirables sont ceux dont le vrai sens, s'ils en eurent un pour lui, nous reste caché :

> Je suis le ténébreux, le veuf, l'inconsolé,
> Le prince d'Aquitaine à la tour abolie...

Tous les poèmes d'Elisa Mercœur (1809-1835), bien fade « cousine » de Marceline Desbordes-Valmore, et tous ceux de Félix Arvers (1806-1850), dont un sonnet restera fameux pourtant, ne sauraient exercer sur nous la fascination où nous tient un seul vers des *Chimères*. On ne peut en revanche refuser un charme sensuel, pathétique et grinçant, aux *Poésies de Joseph Delorme*, aux *Consolations*, aux *Pensées d'août* et au *Livre d'amour* de Charles de Sainte-Beuve (1804-1869) ; il y a là, parfois, comme une ébauche de Baudelaire :

> *Amour, où donc es-tu ? descends, vautour sublime ;*
> *J'étalerai mon cœur pour qu'il soit ta victime.*

Avec Charles Baudelaire (1821-1867) quelque chose de nouveau, et qui ne cessera de se développer insensiblement jusqu'à notre époque, s'introduit dans la poésie française. On ne saurait pour autant dire que l'auteur des *Fleurs du Mal* n'appartient pas au Romantisme. En fait, il en extrait la pure essence, qui se diluait exagérément dans les vagues éloquentes de ses grands aînés et que la frénésie des petits romantiques avait empêchée de se cristalliser. Si ardent que soit son cœur, si tendus que soient ses nerfs, c'est avec une rigueur glacée que Baudelaire procède à cette extraction. Il a pour lui non seulement une exceptionnelle faculté d'analyse, qu'il utilise aussi bien à mettre son « cœur à nu » qu'à démonter tous les rouages de l'art, mais aussi le bénéfice de sa venue tardive, qui lui permet de prendre du recul à l'égard de la « mêlée romantique ».

Le « nouveau » qu'il apporte, il ne le définit pas aussi exactement qu'il le croit dans la préface aux *Fleurs du Mal*, en affirmant qu'il n'a eu d'autre but « que de se divertir et d'exercer son goût passionné de l'obstacle », en opposant passionnément le « mépris de l'homme spirituel » à l' « épaisseur de vulgarité » acquise par « ce monde », en distinguant le Bien du Beau, en disant la Beauté du Mal et en suggérant la vanité et le danger de l'inspiration. Hormis le « divertissement », que cet homme crispé, exigeant pour lui-même jusqu'au masochisme, n'a sûrement jamais demandé de lui procurer à l'écriture, tout est, certes, à retenir dans cette profession de foi provocante. Il y faut cependant ajouter, si l'on veut prendre l'exacte mesure de Baudelaire et de notre dette envers lui, que son intense réflexion sur la poésie ne fait qu'une avec son interrogation douloureuse, pascalienne à plus d'un titre, sur la nature de l'homme, et les réponses pessimistes qu'il obtient ; que ce chrétien qui a perdu la foi mais non le sentiment du péché originel et qui, comme le dit si bien Barbey d'Aurevilly, pousse, dans tous ses poèmes, des « cris d'âme chrétienne, malade d'infini », ne peut être jugé seulement en termes d'esthétique et de poésie, mais aussi « en termes d'idéologie et de théologie » ; que cet ennemi du « Progrès » n'en est pas moins l'inventeur d'un « modernisme » qui intéresse, plus encore que les formes de la vie sociale, la façon dont l'homme peut faire son salut. Les « élévations » de Baudelaire sont, assurément, les plus ferventes et les plus admirables qui aient jamais été rythmées :

> Vers le Ciel, où son œil voit un trône splendide,
> Le poète serein lève ses bras pieux
> Et les vastes éclairs de son esprit lucide
> Lui dérobent l'aspect des peuples furieux...

mais toute l'œuvre de cet « esprit lucide » nous entretient pourtant, comme le soulignent Jean-Paul Sartre et Jean-Pierre Richard, dans la certitude que Dieu s'est retiré dans des « lointains truqués » et que la poésie reste la seule voie de connaissance et de rédemption.

Identifiable entre toutes, la tonalité, à la fois fière et plaintive, aigre et noble, céleste et réaliste, de la poésie baudelairienne ne s'explique pas autrement que par la permanente querelle intestine dont est tout ensemble l'enjeu et l'agent ce poète qui ne nous apporte qu'en pleurant dans un style impeccable ce que Léon Bloy appellera « la bonne nouvelle de la damnation ». Cette tonalité est à tel point constante qu'on hésite à dire si les plus beaux accents des *Fleurs du Mal* sont ceux de la nostalgie térébrante (de l'Eden, des « époques nues », de l'enfance ou du Ciel) :

> Anges revêtus d'or, de pourpre et d'hyacinthe...
> L'innocent paradis, plein de plaisirs furtifs...

ou ceux de l'horreur du « gouffre » intérieur :

> Hélas, tout est abîme — action, désir, rêve,
> Parole...

ou bien ceux de la sombre jubilation macabre :

> Et pourtant vous serez semblable à cette ordure,
>   A cette horrible infection...

ou bien encore ceux de la victoire du génie sur la mort biologique :

> Alors, ô ma beauté ! dites à la vermine
> Qui vous mangera de baisers,
> Que j'ai gardé la forme et l'essence divine
> De mes amours décomposés.

et que la partie proprement « maudite » du livre (*Lesbos, Femmes damnées*, etc.), la partie anecdotique *(La Pipe)* et la partie « urbaine » et moderne *(Tableaux parisiens)* nous envoûtent autant que les poèmes les plus profonds et les plus ambitieux. Cette unité, Baudelaire la doit à ce qu'il ne se débraille jamais, à ce que tout ce qu'il écrit procède d'une « longue patience » et d'une « parfaite chimie » verbale. Bénéficiant de l'apport de ses prédécesseurs et de ses contemporains, Baudelaire en fait la synthèse, élimine, prefectionne et repart d'ahan, nanti d'un verbe précis, nerveux, capable de toutes les fulgurations et de tous les raccourcis, celui-là même où la poésie des cent ans qui vont suivre ne cessera de faire référence.

Tout au plus reprochera-t-on à Baudelaire de n'avoir pas toujours su faire coïncider avec les formes classiques, auxquelles il entend demeurer fidèle et qu'aucun romantique n'a sérieusement modifiées, la nouveauté de sa diction personnelle. Il allonge parfois celle-ci d'un adverbe ou d'une épithète pour tomber juste avec le rythme. C'est précisément pour se délivrer de cette fatalité des « chevilles » qu'il écrit en prose *Le Spleen de Paris* (1869) dont une fréquentation assidue du *Gaspard de la nuit*, d'Aloysius Bertrand, lui a donné l'idée. Mais, si attachantes que soient les pièces de ce recueil, notamment parce qu'elles sont « la description de la vie moderne, ou plutôt d'une vie moderne et plus abstraite », on ne voit point que Baudelaire y réalise ce dont il avait rêvé, à savoir « le miracle d'une prose poétique, musicale sans rythme et sans rime, assez souple et assez heurtée pour s'adapter aux mouvements lyriques de l'âme, aux ondulations de la rêverie, aux soubresauts de la conscience ». Ce miracle, il appartiendra à Rimbaud et à Lautréamont de l'accomplir. Ils n'y seraient point parvenus si Baudelaire ne leur en avait donné la recette...

Chapitre VII

DU MARBRE DU PARNASSE
AU « SOLUBLE DANS L'AIR »

On ne cessera de répéter que l'histoire de la poésie ne se découpe pas en tranches chronologiques. Chevauchements et imprégnations y sont la règle, sans parler des éruptions météoriques et des contre-courants. Si Baudelaire a travaillé fort longtemps aux *Fleurs du Mal*, elles ne paraissent en librairie qu'en 1857, c'est-à-dire vingt-cinq ans avant que Hugo ait terminé *La Légende des siècles* et cinq ans après que Leconte de Lisle (1818-1894), le plus illustre représentant de l'Ecole parnassienne, ait publié *Les Poèmes antiques*. Arthur Rimbaud (1854-1891) qui, naguère, affirmait que « les bons poètes », ce sont « les bons Parnassiens », publie *Une saison en enfer*, appelée à devenir la charte de la poésie du XXe siècle, l'année même (1873) où Leconte de Lisle donne ses *Poèmes barbares*, que la postérité recouvrira de poussière. Qu'on ne s'étonne donc pas de trouver Baudelaire au sommaire du premier *Parnasse*, en 1866, côte à côte avec Leconte de Lisle, Sully-Prudhomme, Hérédia, Verlaine et Mallarmé...

Que se proposait le Parnasse ? d'assurer la primauté de l'art sur son contenu, d'en finir avec l'éloquence et l'effusion, mais aussi de sacrifier à une religion toute neuve alors, celle de la science, sans négliger les incursions dans l'histoire des civilisations et des croyances. Leconte de Lisle, né dans l'île de la Réunion et qui ne s'inspirera pas peu des poèmes de son compatriote Auguste Lacaussade (1817-1897), est le plus marmoréen de ces poètes qui se refusent d'être émus. Tout un bestiaire exotique et tout un Panthéon grec, hindou, égyptien se fige dans ses vers majestueux et froids. On comprend que Baudelaire ait rapidement pris ses distances avec ce maître compassé et que Verlaine et Mallarmé aient fait de même. Un mérite ne peut être dénié à Leconte de Lisle, celui d'avoir porté à son comble la dignité de la poésie. Dommage qu'il l'ait saignée à blanc en la forçant à une pose intemporelle :

> Ah ! tout cela, jeunesse, amour, joie et pensée,
> Chants de la mer et des forêts, souffles du ciel
> Emportant à plein vol l'Espérance insensée,
> Qu'est-ce que tout cela qui n'est pas éternel ?

Raffinant jusqu'à la ciselure le métier parfait de leur aîné, un Théodore de Banville (1823-1891), auteur d'acrobatiques *Odes funambulesques*, et un José-Maria de Hérédia (1842-1905) n'ont pas davantage enrichi la sensibilité poétique française. Encore y a-t-il parfois, dans l'œuvre unique du second, *Les Trophées*, une sourde fièvre et un mouvement communicatif :

> *... Et le Nil, à travers le delta noir qu'il fend,*
> *Vers Bubaste et Zaïs rouler son onde grasse.*

Un Louis Bouilhet (1822-1869), un Léon Dierx (1838-1912) et un Jean Lahor (1840-1909) nous touchent pourtant davantage, dans la mesure même où ils se laissent aller, le premier à invectiver contre la femme :

> *Tu n'as jamais été dans tes jours les plus rares*
> *Qu'un banal instrument sous mon archet vainqueur...*

le second, à dire, sur un ton élégiaque,

> *La séculaire angoisse en notre âme assouvie...*

le troisième en imprimant une touche humainement désenchantée au monologue des dieux.

En revanche, Sully-Prudhomme (1839-1907) ne s'arrache à son scientifisme moralisateur que pour tomber dans des futilités sentimentales dont le trop fameux *Vase brisé* est l'exemple. Mieux vaut, à tout prendre, tomber comme François Coppée (1842-1908) dans une description familière — qui ne manque, au demeurant, ni de couleur ni d'émotion — de l'épicier de Montrouge ou de l'employé aux chemins de fer.

Mais avec la démission de Coppée, qu'un Germain Nouveau (1851-1920) s'amusera fort à pasticher entre deux poèmes dignes de Rimbaud, nous sommes tout à fait sortis du Parnasse.

Même quand il se croyait parnassien, Paul Verlaine (1844-1896) ne l'était guère. Ciseler « les mots comme des coupes » et faire « des vers émus, très froidement » n'était point dans sa nature subtile, féminine et fiévreuse. *Les Poèmes saturniens*, avec lesquels il entre en poésie l'année même (1866) où il a collaboré au *Parnasse*, et *Les Fêtes galantes* (1869) le montrent radicalement opposé à l'esthétique amidonnée de Leconte de Lisle et de ses émules. Tout y est mélancolie, demi-teinte, musique douce, indécision de l'âme. « Verlaine ? un ongle de Hugo ! » dira Max Jacob. Faisons ici la part de l'excès et nous admettrons que Verlaine prolonge Hugo — et le Romantisme — de quelques très fines arborescences, développées avec un art exquis et qui, en outre, ne craignent pas de faire implicitement référence à Villon :

> Tout suffocant
> Et blême, quand
>   Sonne l'heure,
> Je me souviens
> Des jours anciens
>   Et je pleure.

Rien d'étonnant à ce que de petits vers comme ceux-là aient eu et continuent d'avoir l'oreille — et le cœur — d'un peuple qui répugne aux grands éclats et aux fumées pythiques du langage. « Verlaine ? dira encore Max Jacob : le type du poète français » et il ajoutera : « une poésie très intérieure et servie par un excellent verbe extérieur, une langue truculente, sans excessivité, et une syntaxe variée ». Luc Decaunes rappelle qu'un critique, voulant accabler Lamartine, traita ses poèmes de « romances sans paroles ». Verlaine avait-il eu connaissance de ce verdict ? C'est en tout cas dans ses *Romances sans paroles* (1874) qu'il est au plus près de ce qu'il cherche : une musique de mots si subtilement agencée que ses papillotements, ses fondus et ses silences nous en disent plus que les mots eux-mêmes. A la limite, on peut dire que les êtres de chair et les choses réelles que Verlaine convie dans ses poèmes les moins « rêvés » — ceux de *Sagesse* (1891) par exemple — ne sont guère moins fantomatiques que les êtres et les choses d'autrefois (un autrefois Louis XV, un monde gracieux en train de se corrompre) qu'il se plaît à dessiner dans ses *Fêtes galantes*. Tout cela, vif ou mort, la même mélodie feutrée le retient à peine de tomber en poudre et de devenir « soluble dans l'air ». Cette morbidité, on peut, certes, en voir l'origine littéraire chez Baudelaire. Mais de celui-ci, l'auteur de *Jadis et naguère* (1884) n'a reçu en héritage ni le dandysme ni l'esprit critique. Il a, en revanche, fait une rencontre brûlante, celle de l'adolescent Rimbaud, et, la contagion du génie aidant, il est devenu tout autre :

> Or, le plus beau d'entre tous ces mauvais anges
> Avait seize ans sous sa couronne de fleurs.
> Les bras croisés sur les colliers et les franges
> Il rêve, l'œil plein de flammes et de pleurs.

Ce poème en vers de onze pieds (« préfère l'impair ! ») n'est pas seul à témoigner de l'espèce d'échauffement lyrique auquel Verlaine est parvenu pendant la période la plus tumultueuse (1871-1873) de ses amours avec Rimbaud. Sa vraie voix n'est pas là, pourtant, mais dans *La Bonne Chanson* de 1870, celle de ses amours avec Mathilde. Rien qu'en laissant aller son cœur à la rencontre de la femme et de la nature, inextricablement mêlées, Verlaine trouve des accents, à la fois classiques et neufs, qui ne sauraient périr :

> Voici des fruits, des fleurs, des feuilles et des branches
> Et puis voici mon cœur qui ne bat que pour vous...
> J'arrive tout couvert encore de rosée...

On l'aime moins quand il affirme : « moi, je vois la vie en rouge »; encore moins dans ses poèmes de la fin où, s'il a plus que jamais la maîtrise de sa langue, il ne s'en sert guère que pour des gaudrioles scabreuses sans réel intérêt ; on lui sait gré d'avoir secoué le carcan de la rime, « ce bijou d'un sou »; on reconnaît une force d'expression certaine à ses effusions mariales de *Sagesse* :

> L'espoir luit comme un brin de paille dans l'étable

et l'on ne peut, enfin, lui contester d'avoir été l'un des phares les plus sûrs du Symbolisme.

Il est bon toutefois de répéter ce qu'il disait de ce mouvement, dont l'acte de naissance est un article de Jean Moréas paru le 18 septembre 1886 dans *Le Figaro* : « Symbolisme ? Connais pas ! Ce doit être un mot allemand. » En vérité, le mouvement en question ne fit que cristalliser nombre d'aspirations mal définies dont les autres phares du Symbolisme — Rimbaud, Lautréamont, Nouveau, Cros, Corbière et Mallarmé — suggéraient l'orientation plutôt que la nature. Le romantisme allemand, la philosophie de Hegel et de Schopenhauer, la musique de Wagner, Swinburne et les préraphaélites anglais ont pareillement influencé les symbolistes français. Il faut aussi songer à leur instinctive opposition à l'évolution de la société vers un rationalisme de plus en plus abstrait. Ce que recouvre le mot « symbolisme » est, au demeurant, assez vague dans leur esprit. Aussi bien, comme le dira Mircéa Eliade, « rares sont les phénomènes qui n'impliquent pas un certain symbolisme » et si le Symbolisme « fut le trait distinctif des premiers signes de l'humanité », on ne voit point que les poètes symbolistes soient allés plus avant et plus profond dans la pratique, confondant le plus souvent l'allégorie, qui est du ressort de l'esthétique, et le symbole proprement dit, dont la clé n'appartient qu'aux initiés.

Arthur Rimbaud (1854-1891) fut-il détenteur et des symboles et de leurs clés ? « J'ai trouvé le système », dit-il, et cela peut aussi bien s'appliquer à une méthode d'écriture qui participerait à la fois de l'automatisme, du collage et de la référence non explicite à des faits personnels ou des écrits de rencontre, qu'à une secrète conception existentielle et métaphysique, étrangère à son temps et à son milieu. On a dit, et c'est vrai, qu'il avait à ses débuts, emprunté à Hugo (mais quel poète du XIXe n'a pas emprunté à Hugo ?). Son admiration pour Baudelaire est par ailleurs attestée dans une lettre de mai 1871 : « le premier voyant, roi des poètes, un vrai Dieu ». On a facilement trouvé dans les illustrations du *Journal des Voyages* quelques ébauches de l'imagerie hallucinée du *Bateau ivre* :

> Comme je descendais des fleuves impassibles...
> Je courus ! Et les Péninsules démarrées
> N'ont pas subi tohu-bohus plus triomphants

et l'on a pu déceler le point de départ d'un poème aussi céleste que *Michel et Christine* dans un vaudeville de Scribe. On n'a pas pour autant expliqué que, dès sa seizième année, l'enfant de Charleville ait pu, avec l'autorité désinvolte d'un maître, produire des poèmes « classiques » où s'additionnent toutes les conquêtes de la poésie antérieure, ceux-là même qu'il envoie ou apporte à Verlaine, en 1871, soit, pour nous en tenir aux plus beaux, outre *Le Bateau ivre* : *Les Effarés, Roman, Soleil et chair, Le Dormeur du val,* le verlainien *Sensation* :

Et j'irai loin, bien loin, comme un bohémien,
Par la Nature, — heureux comme avec une femme.

et l'extraordinaire sonnet des *Voyelles* :

A noir, E blanc, I rouge, U vert, O bleu, voyelles...

On n'a pas davantage expliqué, dans *Les Illuminations* (1886), le pouvoir du mot « *Wasserfall* » préféré à « chute d'eau », la « cloche de feu rose » qui « sonne dans les nuages », l'idée qu'aux différentes clés musicales le poète puisse ajouter « la clé de l'amour », pour ne rien dire de la présence, parmi ces poèmes en prose, parfois réduits à quelques *Phrases*, composés entre 1871 et 1873, des deux premiers poèmes en vers libres — *Marine* et *Mouvement* — qu'on ait écrits en France (1). Même si, dans *Une saison en enfer* (1873), le seul de ses livres qui sera imprimé de son vivant (2), Rimbaud définit ainsi son « alchimie du verbe » : « je réglai la forme et le mouvement de chaque consonne et, avec des rythmes instinctifs, je me flattai d'inventer un verbe poétique accessible, un jour ou l'autre, à tous les sens », nous restons encore incapables d'analyser sa fascinante expérience. Aussi bien celle-ci a-t-elle donné lieu à des interprétations, voire à des utilisations fort diverses. C'est à la lecture de Rimbaud que Paul Claudel devra sa conversion ; Daniel-Rops christianisera de même cette « beauté du diable » qui écrivait « merde à Dieu » sur les murs de Charleville ; Rolland de Renéville, à partir du « long, immense et raisonné dérèglement de tous

---

(1) Il faut cependant dire que Rimbaud a pu lire, sur les murs de Paris, où il avait été affiché le 24 février 1871, un texte de Théodore Six, *Le Peuple au Peuple*, composé en juin 1852 dans un bagne algérien où son auteur avait été incarcéré après le coup d'Etat de 1851, dont l'agencement typographique, sinon la diction, ressortit au vers-librisme.

(2) Il dira l'avoir brûlé, mais on en retrouvera le stock, beaucoup plus tard, chez l'imprimeur de Bruxelles, qu'il n'avait pas réglé.

les sens », dont Rimbaud recommandait la pratique en mai 1871 et de ses références à des lectures orientales, voit en lui une sorte de mystique hindou mâtiné de derviche tourneur ; la participation, non prouvée au demeurant, de Rimbaud à la Commune et, flagrante, son adhésion à celle-ci, dont les héroïques feux et flammes colorent *Les Mains de Jeanne-Marie*, permettent enfin à d'aucuns de le tenir pour un poète révolutionnaire au sens politique du terme (1).

Plus juste est de voir en lui, avec Henry Miller, un « Colomb de la Jeunesse, qui élargit les limites de ce domaine, encore mal exploré ». A cet adolescent qui, en trois ans, a « épuisé l'art de générations entières » et garde plusieurs générations d'avance sur la nôtre, il suffit des quelques images édéniques qu'il a arrachées à sa propre *Saison en enfer* pour entretenir en nous l'espoir d'une vie qui ne sera plus « une farce à mener par tous ». Pour Miller, « on doit à sa venue que ceux d'entre nous qui sont encore capables de sensibilité et de concevoir le futur, ont été transformés en *flèches de désir pour l'autre rive* ».

Le « j'attends Dieu avec gourmandise » murmuré par Rimbaud entre deux blasphèmes et le « c'était mal » dont il qualifie son œuvre, au seuil de la mort, dix-huit ans après en avoir tracé la dernière ligne pour aller en quelque sorte la vivre dans la fournaise du réel, se contredisent moins qu'ils ne suggèrent les ambitions spirituelles de la poésie moderne — en contradiction avec le strict caractère « ontologique » qu'un Jacques Maritain accorde à la poésie — dont Rimbaud reste le promoteur incontesté.

Isidore Ducasse (1846-1870) dont le pseudonyme, « comte de Lautréamont », démarque le nom d'un

---

(1) Hormis ceux de Rimbaud, la Commune, curieusement, n'a pas suscité de grands poèmes.

personnage d'Eugène Sue, Latréaumont, et qui, baptisant son héros « Maldoror », fait très évidemment un calembour à partir d'un « mal d'aurore » où l'on peut voir à la fois une malédiction et un espoir, est bien proche de Rimbaud par ses fureurs, mais il est plus théâtral, moins alchimique et plus critique. Vampirisme, tortures, subversions et perversions (qui font paraître bien blême le satanisme de Baudelaire), tel est le « matériel » des *Chants de Maldoror*. Il y a là du romantisme lycanthropique — à la Borel — et, bien que Lautréamont n'ait pu lire *Une saison en enfer*, nombre des « sophismes de la folie » exploités par Rimbaud, mais aussi, dans la prose ample et redondante de cet effréné, une étrange parenté stylistique avec Bossuet et Chateaubriand :

« Vieil océan, tu es le symbole de l'identité : toujours égal à toi -même… Je te salue, vieil océan ! »

Enfin, imposant au réel des perspectives fantastiques et promouvant toute une faune grinçante, cruelle, obscène, au rang d'accusatrice implacable de Dieu, une audace imaginatrice qui multiplie les rapprochements les plus insolites — « la rencontre fortuite sur une table de vivisection, d'un parapluie et d'une machine à coudre » — avec une autorité que les « objets surréalistes » de 1925 n'auront pas toujours. Certes, il y a dans *Les Chants de Maldoror* une part certaine de pastiche et de canular (Lautréamont, qui démontera dans ses *Poésies* tous les rouages de l'excessivité, n'a jamais pu se tenir, quand il les utilisait lui-même, d'en pousser à fond le mécanisme), mais bien moindre que la part d'enthousiaste conviction lyrique.

A côté de ce « cauchemar qui tient la plume », Germain Nouveau (1852-1922), ami de Verlaine et de Rimbaud, partagé entre le catholicisme et la vénération panique du soleil, le goût de l'enluminure et celui du plain-chant, fait figure de « rêve qui tient la lyre », que ce soit dans ses *Valentines* érotiques ou dans *La Doctrine de l'amour*, son grand livre religieux :

> *C'est Apollon chrétien, c'est Vénus catholique*
> *Se levant sur le monde enchanté par sa foi.*

Ce haut poète, qui se baptise « Humilis » et va errer, jusqu'à sa mort, sur les routes de Provence, ne trouvera sa juste gloire qu'au XXe siècle.

La gloire de Charles Cros (1842-1888) sera pareillement tardive. Tout comme Nouveau, il a pourtant grandement contribué à l'éclosion du Symbolisme. Inventeur du phonographe et de la photographie des couleurs, il s'est complu en inventions poétiques que sa fantaisie de parolier pour café-concert a sans doute empêchées d'être prises au sérieux. Si tout le monde connaît son monologue du *Hareng saur* :

> *J'ai composé cette histoire — simple, simple, simple,*
> *Pour mettre en fureur les gens — graves, graves, graves,*
> *Et amuser les enfants — petits, petits, petits.*

on a par trop oublié son *Coffret de Santal*, plein de propositions insolites, d'humour noir et de suaves désespérances :

> *Je suis un homme mort depuis plusieurs années*
> *Mes os sont recouverts par les roses fanées.*

Alors que Cros fut, tout de même, un peu compris de son vivant, Tristan Corbière (1845-1875) ne fut découvert — le mérite en revient à Verlaine, qui lui fit place dans ses *Poètes maudits* — que huit ans après sa mort, laquelle avait suivi de peu la publication de son unique recueil, *Les Amours jaunes*. Si acharné qu'il soit à ridiculiser l'excès de sentimentalité et d'éloquence du Romantisme, Corbière est bel et bien un hyper-romantique en ce sens que toute son œuvre est l'expression violente, contrastée, contestataire de son « moi » physique et mental. Laid, maladif, écrasé par la personnalité de son père, le navigateur et écrivain maritime Edouard Corbière, le poète des *Amours jaunes* se baptise Triste, puis Tristan à la fois pour se différencier de l'auteur de ses jours et pour s'identifier à un héros, celtique et marin, qui incarne l'insurrection permanente du rêve et de l'amour. Lui-même, « rafalé » aussi bien par la femme que par la mer, à laquelle il n'oppose que la fragile étrave d'un cotre de plaisance, trouve sa victoire dans les vers rocailleux, sanguins, bourrés d'images neuves qu'il jette, sans grand souci de la prosodie, à la face de son destin et dont le ton est très fréquemment testamentaire :

> Il se tua d'ardeur, et mourut de paresse...
> Son seul regret fut de n'être pas sa maîtresse...
>   Ci-gît, cœur sans cœur, mal planté,
>   Trop réussi — comme raté...

Symboliste par les mystérieuses propositions de ses *Rondels pour après*, où ses éclats de voix s'achèvent en murmures, Corbière est également « moderniste », au moins autant que Baudelaire et Laforgue, et d'ores et déjà surréaliste avec les incursions, quasi automatiques, de ses *Litanies du sommeil* :

> Sommeil ! Râtelier du Pégase fringant...
> Sommeil ! Long corridor où plangore le vent...
> Immense vache à lait dont nous sommes les veaux...

Aucune forcerie de ce genre dans la personne et dans l'œuvre de Stéphane Mallarmé (1842-1898) qui, pour s'être accommodé d'un destin étriqué, impropre à ses exigeantes et interminables méditations sur l'avenir totalitaire de la poésie, mérite bien un peu le surnom dont Leconte de Lisle l'accabla : « le Sphinx des Batignolles ». Tout en gardant ses liens avec le Parnasse, et toute sa reconnaissance envers Baudelaire qui lui a appris la valeur plastique et sonore du mot, Mallarmé commence par des rêveries ondoyantes, ramifiées à l'infini et s'enfonce, dès 1863, dans une *Hérodiade* pour laquelle il met au point une poétique capable de « peindre non la chose mais l'effet qu'elle produit ». Il en vient cependant à des ambitions plus hautes, dont son *Après-midi d'un Faune* (1875) est l'illustration et qu'il précise avec l'autorité d'un chef d'école :

> « Un souci musical domine et je l'interpréterai selon sa visée la plus large. Symboliste, Décadente ou Mystique, les Ecoles adoptent, comme rencontre, le point d'un idéalisme qui (pareillement aux fugues, aux sonates) refuse les matériaux naturels et, comme brutale, une pensée directe les ordonnant, pour ne garder de rien que la suggestion. »

En somme, il s'agit à la fois de reprendre à la « musique à programme » (Berlioz, Wagner) les moyens poétiques dont elle s'est emparée et d'imiter l'emploi qu'elle en a su faire. Mais Mallarmé est avant tout un visuel et le transfert de sa vision dans la musique des mots — « une syntaxe picturale pliée aux lois de l'esthétique musicale », dit Camille Soula — aboutit à une ambiguïté dans le traitement de la troisième dimension, celle de la profondeur, autrement dit : de la durée. Rompant, qu'il le veuille ou non, avec le « discours », Mallarmé nous livre des fresques ou des tableautins qui se développent dans l'espace et non dans le temps. Restent « quelques figures belles aux intersections »... et la beauté de « la totale arabesque qui les relie », laquelle « a de vertigineux sauts en un effroi que reconnue ; et d'anxieux accords » :

> Gloire du long désir, Idées
> Tout en moi s'exaltait de voir
> La famille des Iridées
> Surgir à ce nouveau devoir...

« Mon art est une impasse », dira Mallarmé à Louis le Cardonnel. Il avait raison dans la mesure où sa véritable ambition, confessée en 1885 à Verlaine, était mystique : écrire le livre qui contiendrait « l'explication orphique de la terre ». Il avait tort en ce sens que l'architectonie verbale et visuelle à laquelle il aboutit dans *Igitur* et, surtout, dans *Un coup de dés*, ouvre des perspectives considérables à l'expression poétique. Les poètes du XXe siècle, qui s'interrogeront avec tant de curiosité sur le fonctionnement du langage et la fonction même de la poésie, ne seront pas loin de diviniser cet homme qui ne séparait pas l'idée du symbole et qui, s'il eut la religion exagéré du substantif, ne cessa de proclamer que la poésie est « l'expression, par le langage humain ramené à son rythme essentiel du sens mystérieux de l'existence ».

Les Symbolistes qui avaient trouvé en Verlaine et Mallarmé deux chefs de file en vérité fort dissemblables, s'aventurèrent chacun à sa manière dans les « forêts des symboles » dont Baudelaire avait, d'ores et déjà, dégagé les « piliers ». Tous n'eurent pas, comme Verlaine, le goût de l'évanescence. Tous ne se proposèrent pas, comme Mallarmé, de

Donner un sens plus pur aux mots de la tribu

mais tous firent passer « la musique avant toute chose » et travaillèrent dans une gamme infiniment nuancée, debussyste, assez proche de celle des Impressionnistes.

Jules Laforgue (1860-1887), qui ressemble beaucoup à Corbière, joue les pierrots lunaires avec un humour doux-amer dans *Les Complaintes* mais, dans *Le Sanglot de la terre*, se hausse à des altitudes cosmogoniques dans une manière à la fois dramatique, épique et grinçante. La voix d'Apollinaire est déjà perceptible dans ses *Derniers Vers*, où le vers libre et le vers traditionnel se combinent avec bonheur :

Soleils plénipotentiaires des travaux en blonds Pactoles
Des spectacles agricoles,
Où êtes-vous ensevelis ?

Saint-Pol Roux (1861-1940), dit « le Magnifique », en qui les Surréalistes salueront un de leurs plus sûrs précurseurs, conforma son comportement et son écriture à ses rêves : « le style, c'est la vie ». Dans *Les Reposoirs de la procession*, la *Répoétique*, la *Supplique du Christ* et dans ses recueils et drames, pareillement éloquents, orfévrés à l'excès mais traversés de fulgurations merveilleuses, cette espèce de mage accumule les images étranges, les vues neuves sur le langage, la civilisation, la faculté humaine de « corriger Dieu ».

On rejoint des paysages plus mesurés et mieux connus, délimités qu'ils sont par Chénier et Hérédia, avec Henri de Régnier (1864-1936) et ses gracieux *Poèmes anciens et romanesques*. Gustave Kahn (1859-1936), qui a mérité de passer à la postérité pour avoir légiféré en matière de vers-librisme, Stuart Merill (1863-1915) et François Vielé-Griffin (1864-1937), tous deux Américains, Rémy de Gourmont (1858-1915), excellent critique et poète sensuel ont moins durablement œuvré qu'Albert Samain (1858-1900), dont on relit encore avec émotion certains vers de *Au Jardin de l'Infante*, et moins contribué à l'évolution de la poésie française que Charles Van Lerberghe (1861-1907), René Ghil (1862-1925), Maurice Maeterlinck (1862-1949) et Max Elskamp (1862-1931).

Van Lerberghe, dans *La Chanson d'Eve*, s'affirme comme le plus impressionniste des Symbolistes et l'un des plus hantés par le mystère. Ghil, dans les quatorze volumes de *Dire du mieux*, *Dire des sangs*, *Dire de la loi*, a ambitionné de peindre une fresque complète de l'humanité en usant d'une « instrumentation verbale » renouvelée du Rimbaud des *Voyelles* et, quoi qu'il s'en défendît, de la syntaxe mallarméenne. Les excessives torsions et guillochures de son langage n'empêchent pas celui-ci d'avoir une présence physique assez étonnante. Hommes du Nord, comme Ghil (mais nés de l'autre côté de la frontière), Van Lerberghe, Maeterlinck et Elskamp n'en sollicitent pas les contrastes et les vigueurs mais les brumes, les moiteurs et certaine bonhomie matoise. Cette influence belge sur le Symbolisme français est des plus heureuses. Pour le Maeterlinck des *Serres chaudes*, le symbole le plus pur est peut-être celui « qui a lieu à l'insu du poète et même à l'encontre de ses intentions ». Max Elskamp, lui, ramène dans la poésie le petit peuple et ses façons de dire :

> J'ai triste d'une ville en bois...

Ainsi contribuent-ils, l'un à engager le Symbolisme dans la quête de l'inconscient, l'autre à lui donner pour justification l'inventive faconde populaire. Les mélancoliques rêveries d'un autre Belge, Georges Rodenbach (1855-1898), n'ont point cet intérêt alors que, Belge lui aussi, Emile Verhaeren (1855-1916) imprime à la poésie de langue française un mouvement considérable. Mais peut-on tenir Verhaeren pour un symboliste ? L'auteur des *Villes tentaculaires* et des *Forces tumultueuses*, certes, a sacrifié, à ses débuts, à la musicalité de la syntaxe et du sentiment, mais il s'est tôt laissé aller à sa nature, qui était d'un romantique à tous crins, traversé de visions et de scansions, pour exprimer le « beau tumulte humain ». Les masses laborieuses, le monde industriel,

> L'âpre et terrible loi qui régit l'univers

voilà ce qu'il chante, avec un noble paroxysme, une tragique ferveur. Hugo, Whitman, et Browning l'ont marqué. Il ouvre, quant à lui, la voie de l'Unanimisme.

A cette irruption du Nord et de la modernité dans la conscience poétique française, Jean Moréas (1856-1910) et ses amis de l'Ecole romane (Maurice du Plessys, Raymond de La Tailhède, Ernest Raynaud, Charles Maurras, Xaxier de Magallon, François-Paul Alibert, etc.) opposèrent, à partir de 1892, une croisade méridionale au nom du « vrai Classicisme » et de la « vraie Antiquité ». Alors que nombre de ces poètes — notamment Emmanuel Signoret (1872-1900) — réussissaient à retendre la lyre traditionnelle pour en tirer des accents vigoureux et même enflammés, Jean Moréas, en *Stances* parfaites, formulait des sentences et des recommandations morales qui justifieront parfaitement la perplexité de Georges-Emmanuel Clancier : « Sagesse ou littérature ? » Il est intéressant de noter que, dans le même temps, la poésie de langue d'oc, qui se référait au même soleil antique, s'essoufflait en gentillesses félibréennes à l'ombre de l'immense Frédéric Mistral (1830-1914).

Robert de Souza (1865-1940) eut beau dire, au début du XXe siècle, que le Symbolisme était la seule école vivante, celui-ci ne recrutait plus que des épigones comme Charles Guérin (1873-1907), dont le *Semeur de cendres* (1900) n'est point sans beautés, des francs-tireurs narquois, comme Fagus (1872-1933), ou gentiment précieux, comme Tristan Klingsor (1874-1966), et n'avait pas grande défense à opposer aux moqueries de Georges Fourest (1864-1945) et de sa *Négresse blonde*, renouvelées de celles de Gabriel Vicaire et Henri Beauclair, auteurs de *Les Déliquescences*, « poèmes décadents d'Adoré Floupette » (1885). La Phalange, école néo-symboliste fondée par Jean Royère (1871-1956), n'eut guère plus de succès. Le Symbolisme, pourtant, n'avait pas fini d'exercer son influence, mais de façon diffuse. En tant que mouvement, il était bel et bien mort.

Chapitre VIII

RAISON ARDENTE ET MYSTÈRE EN FLEUR

On a souvent dit que le XIXe siècle n'avait pris fin qu'en 1914, tant il est vrai que, jusqu'à la première guerre mondiale, les façons de penser et d'agir étaient restées sensiblement les mêmes. Bien avant 1900, pourtant, la poésie commence d'élaborer dans un creuset aux contours assez flous une « nouveauté » qui attendra l'après-guerre pour se radicaliser.

Alfred Jarry (1873-1907), qui donnait fortement dans le Symbolisme avec *Les Minutes de sable mémorial* (1894), y introduisait une surenchère burlesque à laquelle, dès 1896, avec son *Ubu-Roi* qui déclencha une bagarre plus violente encore que celle d'*Hernani*, il allait exclusivement sacrifier, jusqu'à faire de sa vie une permanente dérision. Que ce soit dans les *Gestes et opinions du Dr Faustroll, pataphysicien* (1898) ou dans ses romans extravagants, notamment *Le Surmâle* (1902), Jarry va aussi loin que les futurs dadaïstes et surréalistes dans la remise en cause des structures du langage et de la société.

Oscar Vladislas de Lubicz-Milosz (1877-1939), symboliste à ses débuts — *Le Poème des décadences* (1899) — allait, dès 1906, dans *Les Sept Solitudes*, puis dans *Les Eléments* (1911), se révéler comme un très haut poète hanté par des visions venues à lui du fond de l'histoire ou de la légende et s'engager dans une sorte de spéculation poético-métaphysique qui lui permettrait, dans *L'Epître à Storge* (1914), d'enfermer « par une coïncidence assez troublante, toutes les conclusions d'ordre général tirées de la théorie einsteinienne » et, dans le *Cantique de la connaissance* (1922) de :

> Parler, selon la mesure imposée par le compagnon de
> [service,
> De la connaissance perdue de l'or et du sang.

S'il y a « symbolisme » chez Milosz, c'est d'un symbolisme au plein sens du mot qu'il s'agit. Nourri de kabbale et de toutes traditions occultes, Milosz, revenu au catholicisme par les voies sombres du donjuanisme, se sépare de Mallarmé, de qui la méthode « symphoniste » ne lui a pas été étrangère, en ceci que, relevant le « vieux plumage terrassé, Dieu » auquel Mallarmé entendait substituer un « livre », il s'agenouille devant lui, pour reconstituer « le langage pur des temps de la fidélité et de la connaissance ».

Pareillement imprégné de symbolisme à ses débuts, Francis Jammes (1868-1938) volera moins haut que Milosz. Apparu, comme dit Samain, « en pleine surchauffe intellectuelle », l'auteur d'*Un jour* (1895) et du *Deuil des primevères* (1901) rafraîchit la poésie dans les eaux vives de son terroir pyrénéen, l'assouplit et la rend accessible en désarticulant le vers et en prenant un ton pédestre, enfin lui donne un parfum à la fois exotique et suranné en peignant des héroïnes, d'aujourd'hui ou d'autrefois, dont les noms — Clara d'Ellébeuse, Guadalupe de Alcaraz — sont déjà un enchantement :

> Toute la journée, elle mange du chocolat
> Ou bien elle se dispute avec sa perruche.

Rafraîchissement, assouplissement, élargissement seront aussi le fait de Paul Fort (1872-1960), beaucoup trop naturel et verveux pour s'entêter longtemps de fumées symbolistes. Dès 1894, il entreprend, dans une prose en vérité constituée de vers rimés ou assonancés qui épousent la prononciation courante, une œuvre de ton populaire, *Les Ballades françaises*, qui ne comptera pas moins de trente volumes, où il chante, en se débraillant malheureusement de plus en plus, les provinces, les métiers, la nature, l'amour et la patrie. Une de ces ballades, au moins, restera célèbre :

> Si tout's les fill's du monde voulaient s'donner la main...

et l'on ne peut douter que ce lyrisme sans emphase, renouvelé de la geste anonyme du peuple, ait influencé Apollinaire, puis Robert Desnos, Maurice Fombeure, Pierre Béarn, René Guy Cadou.

Rien de neuf, dans le même temps, chez la pétulante Anna de Noailles (1876-1933) qui, aux antipodes des heureuses vulgarisations poétiques de Paul Fort, joue les ménades inspirées dans *Le Cœur innombrable* et *Les Eblouissements* ; chez Edmond Rostand (1868-1918) que rend célèbre son cocardier théâtre en vers ; encore moins chez Fernand Gregh (1873-1960), qui accumule les prosopopées humanitaires dans le sillage de Hugo, ou chez Wilfrid Lucas (1882), auteur d'un interminable cycle « épique, marial et visionnaire ». Si talentueuses et sincères qu'elles soient, on ne peut dire non plus bien neuves les œuvres de Catherine Pozzi (1882-1934) — une Louise Labé quelque peu rilkéenne ; de Vincent Muselli (1879-1956) dont les meilleurs *Sonnets moraux* pourraient être de Baudelaire ; enfin de Marie Noël (1883-1967) qui, dans *Les Chansons et les heures*, égale Verlaine, et même Villon, dans l'expression de sa ferveur religieuse.

Un apport considérable et décisif est à chercher en revanche chez des poètes aussi dissemblables que Paul Claudel (1868-1955) et Paul Valéry (1871-

1945). Le premier, recevant en plein cœur, à dix-huit ans, l'illumination rimbaldienne et celle de la foi chrétienne, s'engage dans la quête d'un surnaturel qu'il discerne dans la nature même. Le vers régulier et le style didactique, auxquels il se conforme tout d'abord, paralysent son tempérament terrien, sa respiration profonde, et il les rejette pour créer à son usage une langue « pleine de sang, de souplesse et de poids » (Claude Roy), calquée sur la syntaxe de la nature, qui fait, en juin, « la verdure d'un érable combler l'accord proposé par un pin ». Cette langue, c'est un verset, ample et ramifié, à la fois pédestre et cérémoniel, dont Claudel explique la nécessité pour lui dans son *Art poétique*, en 1907, mais qu'il a utilisé, bien avant 1900, dans *Tête d'Or* et dans *La Ville*. Manuel de Diéguez a fort bien défini l'œuvre que Claudel va poursuivre avec *Cinq Grandes Odes* (1911), *Corona benignatatis anni Dei* (1915), *Feuilles de saints* (1925) et ses grands drames, éminemment poétiques, dont *L'Annonce faite à Marie* et *Le Soulier de Satin* seront les plus célèbres :

« Ici, un verbe immense assemble toutes choses dans le cirque du temps et entreprend un règne sans mesure sur la mort... Bossuet avait écrit un Traité de la connaissance de Dieu et de soi-même. Claudel écrit un Traité de la connaissance du monde et de soi-même. »

La référence spirituelle et stylistique à Bossuet est heureuse mais n'explique pas le mouvement panique d'un poète de Dieu qui ne peut mieux s'exprimer que lorsque « ses entrailles se dilatent » et qu'il se grise de mots sensuels, ardents, lourds de provocantes propositions à ajouter à « l'immense octave de la création ». Claudel s'explique heureusement lui-même sur ce caractère démiurgique de sa poésie :

Ainsi quand tu parles, ô poète, dans une énumération
  [délectable, proférant de chaque chose le nom,
Comme un père tu l'appelles mystérieusement dans son
  [principe et selon que jadis
Tu participas à sa création...

Le poète est donc à la fois la main-d'œuvre, le révélateur et le scribe de Dieu. On n'est pas tellement éloigné de la conception mystique et magique que Hugo se faisait du poète. Non plus de la définition que Paul Eluard donnera de la poésie : « l'appel des choses par leur nom ». Ces choses, Claudel les embrasse un peu partout sur la terre, au hasard de ses pérégrinations diplomatiques, et son imagination cosmique fait le reste : avec lui, succède, au poète de l'asphalte et de la bibliothèque, le poète des continents et des races, capable de se hausser jusqu'à une vision planétaire.

Paul Valéry, qui commença d'écrire à peu près en même temps que Claudel, faillit y renoncer tout à fait par excès d'exigence :

« Il me semblait alors qu'il existât une sorte de contraste entre l'exercice de la littérature et la poursuite d'une certaine rigueur et d'une entière sincérité de la pensée. »

Ce blocage, Mallarmé en était responsable sans l'avoir voulu, simplement pour avoir appliqué dans son œuvre une « méthode » que son jeune admirateur eût voulu inventer. On le verra dans l'*Album de vers anciens* que Valéry se décidera à publier en 1920, l'émule avait souvent réussi à égaler le maître. Mais « égaler » ne pouvait lui suffire ; plutôt orienter sa quête en de tout autres directions que poétiques. Intelligent, lucide jusqu'au scepticisme, Valéry, longtemps, se refusa à la création pour s'engager dans des spéculations philosophiques, artistiques et mathématiques et ne revint à la poésie, avec *La Jeune Parque*, qu'en 1917, sur l'insistance d'André Gide, de Jacques Rivière et de Pierre Louys. Encore entendit-il ne la pratiquer que comme un « exercice », avec autant de science que de sang-froid. La « muse », heureusement, allait le faire aller plus loin qu'il ne voulait, gorgeant de sucs enivrants et de chaleur rayonnante des vers auxquels il n'imposait tant de rigueur que par méfiance des zones obscures de lui-même :

> L'âme exposée aux torches du solstice,
> Je te soutiens, admirable justice
> De la lumière aux armes sans pitié.

Cette lumière est bien évidemment méditerranéenne, gréco-latine, ce Sétois d'origine génoise n'en concevant point d'autre (1). Or, c'est précisément en s'éloignant de la religion du « vrai classicisme », prônée par Moréas et ses amis — par exemple en codant mystérieusement les premiers vers du *Cimetière marin* :

> Ce toit tranquille où marchent des colombes,
> Entre les pins palpite, entre les tombes

que Valéry retrouve à la fois la véritable clarté antique, qui soumet formes et couleurs aux lois mentales et physiques de l'imagination, et le courant poétique moderne, qui s'intéresse à la signification plastique et sonore des mots plus qu'à la définition stricte des choses. Tant et si bien que Valéry, qui ne voulait être qu'un littérateur en vers, rejoint l'incandescent André Breton dans une exploration des plus profonds mystères de l'activité poétique et qu'on les verra figurer côte à côte, en 1920, au sommaire de la revue surréaliste *Littérature*, ainsi nommée par dérision.

Le foisonnement et, parfois, l'interpénétration, à la jonction des XIXe et XXe siècles puis dans les

---

(1) Il n'est pas inintéressant de noter que VALÉRY, un temps, avait balancé entre le Symbolisme et l'Ecole romane et qu'entre son *Platane* et celui d'un François-Paul ALIBERT la différence n'est pas en vérité bien grande.

années qui suivent, de nouvelles tendances et vocations dont bon nombre agissent encore aujourd'hui, sont tels que l'on peut seulement s'attacher aux principales émergences de leur panorama.

Raymond Roussel (1877-1933) n'est pas la moindre de ces émergences. Dandy fort riche et grand joueur d'échecs, il s'applique dans ses longs poèmes de forme classique — *La Doublure* (1897), *La Vue* (1904) — à faire surgir, par l'analogie, l'association d'idées, le calembour, des « équations de faits » qu'il s'agit « de résoudre logiquement ». Il procède de même, en prose, dans *Impressions d'Afrique* (1910), *Locus Solus* (1914) et aboutit à une sorte de fabulation absurde et merveilleuse qui influencera les Surréalistes.

Ils ne seront en revanche marqués d'aucune façon par Charles Péguy (1873-1914), autre « émergence » considérable. Dès sa *Jeanne d'Arc* (1897), écrite en collaboration avec Marcel Beaudouin, drame dédié à tous ceux et à toutes celles qui sont morts pour tâcher de porter remède au mal « universel », ce poète profondément chrétien affirme sa volonté essentielle, qui est de servir sa foi en Dieu et de magnifier les destinées spirituelles de la France. Dans son *Mystère de la Charité de Jeanne d'Arc* (1910), sa *Tapisserie de Notre-Dame* et son *Eve* (sans doute le plus accompli de ses grands poèmes), il ne se réfère d'aucune façon aux conquêtes, tant foncières que formelles, de Rimbaud, de Mallarmé et des Symbolistes, mais trouve sa propre marche et en fait la preuve en marchant. Les délicats peuvent bien dire qu'il abuse des prosaïsmes et de la litanie, que tels de ses vers — et précisément ceux qui deviendront les plus célèbres :

Heureux, ceux qui sont morts dans une juste guerre,
Heureux, les épis mûrs et les blés moissonnés...

renchérissent en emphase sur trop de vers de Hugo, il n'en est pas moins difficile de résister à l'espèce de contagion émotionnelle engendrée, d'alexandrins en alexandrins, de strophe en strophe, par le pas soutenu, à la fois militaire et paysan, de ce poète de grande haleine et de sang chaud. Les répétitions, non seulement voulues mais savamment disposées sur le fil sonore, l'usage fréquent de la conjonction « et », qui force le discours à de nouvelles arborescences, l'emploi de comparaisons commodes, mais développées avec autant d'art vocal que de largeur panoramique :

> Ainsi nous naviguons vers votre cathédrale.
> De loin en loin surnage un chapelet de meules,
> Rondes comme des tours, opulentes et seules
> Comme un rang de châteaux sur la barque amirale...

concourent à créer un envoûtement — indiscutablement poétique — dont le Verlaine de *Sagesse* avait suggéré la recette.

Le nom de Péguy reste attaché à certaine conception chrétienne du socialisme et, au-delà, au grand brassage d'idées qui s'effectue, en France et dans le monde, dans les années qui précèdent la guerre. L'Affaire Dreyfus, la croisade laïque, les luttes ouvrières et l'essor du syndicalisme, le développement du machinisme et l'urbanisation grandissante, autant d'événements et de bouleversements structurels que la conscience des poètes ne peut ignorer.

Le groupe de l'Abbaye, constitué en 1906 à Créteil, dont les figures essentielles sont, au départ, René Arcos (1881), Georges Duhamel (1884-1966), Charles Vildrac (1883-1973) et Luc Durtain (1881-1959), rejoints par Georges Chennevière (1884-1927), Pierre-Jean Jouve (1887) et Jules Romains (1885-1973), fait sien l'unanimisme de Whitman et de Verhaeren, rejette violemment les dernières nuées symbolistes, prône le retour au concret, la participation des poètes à la vie des hommes. Installée dans une ancienne abbaye — d'où, son nom — l'équipe y vit en phalanstère et tente de tirer ses ressources d'un travail collectif d'impression et d'édition ; en publiant *La Vie unanime*, de Jules Romains, elle accueille à la fois un chef-d'œuvre, un chef et un véritable programme. Elle se disperse peu après mais l'Unanimisme demeure et ne périra point. Aussi bien en trouvera-t-on des traces, tout au long du siècle, dans des œuvres fort diverses.

Si Pierre-Jean Jouve a renié ses débuts unanimistes pour faire commencer son œuvre véritable en 1925 avec *Les Mystérieuses Noces*, les autres membres du groupe sont restés fidèles aux leurs. L'humanité un peu éloquente et anecdotique de Georges Duhamel nourrira plusieurs recueils dont le meilleur est sans doute *Elégies* (1920). Luc Durtain, dans *Pégase, Kong Karald, Perspectives* (1924) élargira le cadre de l'Abbaye aux dimensions de la terre. Georges Chennevière sera le plus « social » des Unanimistes ; peut-être aussi le plus tendre ; avec Jules Romains, il rédigera en 1923 un *Petit Traité de versification* qui complétera et modifiera quelque peu celui que Charles Vildrac et Georges Duhamel avaient inclus, en 1909, dans leurs *Notes sur la technique poétique*. Cette nouvelle versification, qui donne la priorité au rythme et réduit la rime — quand elle ne la supprime pas — à des assonances ou consonances, c'est Jules Romains qui, dans ses nombreux recueils — entre autres : *Odes et prières, L'Homme blanc, Ode génoise, Pierres Levées* —, l'applique le plus strictement et avec le plus de bonheur :

> Je suis à moi seul
> Le rythme et la foule ;
> Je suis les danseurs
> Et les hommes saouls.

Lui-même a dit à André Cusenier comment, dès 1903, à dix-huit ans, perdu dans la foule à la sortie du lycée, il avait eu pour la première fois « l'intuition d'un être vaste et élémentaire dont la rue, les voitures et les passants formaient le corps ». Cet Unanimisme, dont Jules Romains fut donc l'inventeur et qui irriguera toute son œuvre romanesque, Charles Vildrac, le fera plus rêveur, plus musical, plus intime et, pourtant, plus politique parfois, dans son *Livre d'amour* et dans ses *Chants du désespéré* (1920) :

> La bonté des hommes...
> Elle était aussi pénétrante et chaude
> Qu'une eau-de-vie qu'on boit en fraude
> Dans les prisons.

Comme Vildrac, comme Romains, comme Arcos dans *Le Sang des autres*, la plupart des poètes unanimistes stigmatiseront la guerre, appelleront à la réconciliation, vanteront les travaux et les jours de la paix. Assez proche d'eux, André Spire (1868-1966) chantera la Loire, écrira d'ardents *Poèmes juifs* (1919) et préconisera un vers « accentué » sans parvenir à faire école.

Les « Fantaisistes », dont le maître incontesté fut Paul-Jean Toulet (1867-1920), réagirent eux aussi, mais d'une façon tout autre, contre les ultimes décadences symbolistes. L' « esprit nouveau », dont Apollinaire devait être le catalyseur, ne leur était pas étranger, mais ils entendaient l'exprimer dans la forme traditionnelle. Dire les grands sentiments en ayant l'air de s'en jouer leur semblait en outre plus efficace que d'en faire doctrine. Toulet, dans ses *Contrerimes* suprêmement ciselées, atteint à la poésie la plus haute sans apparent effort :

> Mourir non plus n'est ombre vaine.
> La nuit, quand tu as peur,
> N'écoute pas battre ton cœur :
> C'est une étrange peine

et Jean-Marc Bernard (1881-1915) — en rompant il est vrai avec la « fantaisie » — écrit, avant de tomber sous les balles, un admirable poème de guerre :

> Du plus profond de la tranchée,
> Nous élevons les mains vers vous,
> Seigneur : Ayez pitié de nous
> Et de notre âme desséchée !

Au premier rang de ces Fantaisistes qui se souviennent de Virgile, de Villon, de Saint-Amant et du Nerval des *Odelettes*, mais regardent aussi du côté d'Apollinaire et de Max Jacob, Francis Carco (1886-1958), dans *La Bohême et mon cœur* (1922), chantonne en demi-teinte, aigrement parfois ; Tristan Derême (1889-1941) pratique, dans *La Verdure dorée*, un intimisme ironique et très savant ; Jean Pellerin (1885-1920) imprime un ton narquois, désabusé, à *La Romance du retour* ; Vincent Muselli — déjà nommé — apporte sa nostalgie de l'Antique ; dans *Les Travaux et les jeux* et les *Strophes de contre-fortune* il s'avance d'un pied audacieux sur

> *Le fil ténu des abîmes.*

Les contours de l'Ecole fantaisiste sont par ailleurs assez flous pour que s'y puissent intégrer ou voir rattachés des poètes aussi dissemblables que Philippe Chabaneix (1898), chantre à mi-voix des *Tendres Amies* ; Guy Lavaud (1883-1958), prospecteur des profondeurs célestes ; Odilon Jean-Périer (1904-1928), ce Muselli belge ; Georges Gabory (1899) dont les heptasyllabes ont des pointes de diamant ; Roger Allard (1885) dont les *Elégies martiales* (1918) ont une acidité baudelairienne et très moderne :

> *Clara, l'amertume de vivre*
> *Cruel et splendide équateur*
> *Cercle ta poitrine de cuivre*
> *Et la pénètre avec lenteur.*

voire Jean Lebrau (1891), qui « intimise » sur un ton doux-amer et va sans cesse vers plus de densité, voire même le malicieux et tendre Pierre Mac Orlan (1883-1970) de *L'Inflation sentimentale* et des *Chansons pour accordéon*, et le Jean Cocteau (1889-1963) qui se plaît à perfectionner l'arabesque du vers français en multipliant grâces et clins d'œil.

La poésie résolument nouvelle est pourtant enracinée dans de tout autres œuvres. Nourrie de cosmopolitisme, soucieuse de se donner un vocabulaire et une diction appropriés à l'époque violente, mécanisée et angoissée où elle s'insère, la poésie d'un Valéry Larbaud (1881-1957) et surtout d'un Blaise Cendrars (1887-1961) rompt, radicalement, avec un art du vers, un art de vivre et un art de penser qui lui paraissent tout à fait périmés. Le premier s'exprime clairement là-dessus dans *Les Poésies de A. O. Barnabooth* (1913) :

> Prêtez-moi, ô Orient-Express, Sud-Brenner Bahn, prêtez-
> [moi
> Vos miraculeux bruits sourds et
> Vos vibrantes voix de chanterelle...
> Ah ! Il faut que ces bruits et que ce mouvement
> Entrent dans mes poèmes.

et le second, dans *La Prose du Transsibérien et de la petite Jeanne de France* (1913), puis *Le Panama ou les Aventures de mes sept oncles* (1918), écrit une véritable épopée moderne dont les scansions brutales s'identifient à celles des boggies :

> La « Moelle chemin de fer » des psychiatres américains
> Le bruit des portes des voix des essieux grinçant sur les
> [rails congelés
> Le ferlin d'or de mon avenir
> Mon browning le piano et les jurons des joueurs de cartes
> [dans le compartiment d'à côté...

et dont le caractère ininterrompu justifie la suppression de toute ponctuation. Tandis que Cendrars, voulant à tout prix ramener la poésie dans la vie et l'y confondre, multiplie les instantanés photographiques (*Kodak*, 1924) ou s'amuse à des « sonnets dénaturés » qui ne valent pas ses quasiment « classiques » *Pâques à New York* (1912), et tandis que Paul Morand (1888) remplace le feu sacré par l'incandescence des *Lampes à arc* (1919), un Victor Ségalen (1877-1919) va chercher des leçons de civilisation et d'écriture dans la Chine ancienne (*Stèles*, 1912) et un Saint-John Perse (1887-1975) commence dans *Eloges* (1907) une étrange et haute cérémonie de langage où Pindare, Bossuet et Claudel semblent avoir collaboré avec les conteurs des Antilles et les célébrants de tous les cultes de l'histoire et de la planète.

André Billy a justement reconnu en Guillaume Apollinaire (1880-1918) le « Prince de l'esprit moderne » et, si l'on fait abstraction de la nuance péjorative que Duhamel a voulu mettre dans son portrait de l'auteur d'*Alcools* (1913) et des *Calligrammes* (1918), on y peut trouver de la justesse : « marchand brocanteur qui tient à la fois du juif levantin, de l'Américain du Sud, du gentilhomme polonais et du facchino ». « Tzigane », ajoute Jean Cassou, et cela aussi est vrai, si grand est l'art d'Apollinaire en matière de variations sur tous les styles, si erratique — dans l'espace et le temps — le flot de son lyrisme. Il faut ajouter à cela une vocation de conciliateur — dont le revers est l'hétérogénéité de son œuvre — qui permet aussi bien aux tenants de « l'ordre » qu'aux partisans de « l'aventure » de se réclamer d'Apollinaire. Dès ses *Rhénanes* (1902) et son *Enchanteur pourrissant* (1909), celui-ci, dont les origines relèvent elles-mêmes de la légende (n'affirmait-il pas descendre de Rurik, roi des Varègues), prouve sa familiarité avec tous les personnages légendaires du monde, des Niebelungen à la fée Viviane en passant par Hélène de Troie, et son goût pour une poésie, à la fois merveilleuse et simple, que la lyre anonyme des peuples invente sans même y penser. Dans *Alcools*, la part faite à ce lyrisme populaire est grande, et non moins grande l'influence des poètes — Villon, notamment, et le Verlaine le moins

madré — qui s'en sont rapprochés avec le plus de
bonheur. « L'Antiquité gréco-romaine » et toutes
espèces de mythologies y sont au surplus intégrées
au même titre qu'une réalité tout à fait contemporaine que le poète traite à la fois en anecdotier et
en metteur en scène, ou en peintre, d'un tout nouveau style (le Cubisme devra à Apollinaire tout
autant que le théâtre d'avant-garde), c'est-à-dire
en substituant à la représentation logique des faits
et des choses un arrangement sans rapport avec
la perspective euclidienne. La versification à peu
près classique qui enveloppe un poème aussi peu
traditionnel que la *Chanson du mal aimé* fait passer,
si l'on peut dire, l'extrême nouveauté de son esprit
et de sa composition, aux yeux ou plutôt aux
oreilles des plus fermes adversaires de toute innovation :

> Que tombent ces vagues de briques
> Si tu ne fus pas bien aimée
> Je suis le souverain d'Egypte
> Sa sœur-épouse son armée
> Si tu n'es pas l'amour unique

Apollinaire a situé très exactement l'heure où
il a délibérément versé dans la modernité :

> Au moment où l'on affichait la mobilisation
> Nous comprîmes mon ami et moi
> Que la petite auto nous avait conduits dans une époque
> [nouvelle
> Et bien qu'étant déjà tous deux des hommes mûrs
> Nous venions cependant de naître

« Né » avec la guerre, qu'il fait avec courage et
panache, il ne cesse, dans *Calligrammes*, de « donner
de la réalité » aux « phantasmes impondérables »
et d'ouvrir à la poésie « de vastes et d'étranges
domaines » en utilisant aussi bien la libre germination du langage et les provocations du songe que

les plus réalistes faits divers. C'est lui qui, de « poèmes-conversation » en associations graphico-textuelles, de flashes oniriques en cursifs hymnes à l'amour, donne à la poésie du XXe siècle cette « raison ardente » dont Rimbaud avait été le héraut. C'est lui, enfin, qui use pour la première fois, dans la préface à sa pièce burlesque *Les Mamelles de Tirésias* (1917), du qualificatif « surréaliste ». Encore faut-il dire que le mérite de l'avoir forgé en revient peut-être à Pierre Albert-Birot (1876-1967), fondateur de la revue *Sic (Sons, Images, Couleurs)*, qu'Apollinaire nommait « le Pyrogène ». Parler d'Albert-Birot, c'est à la fois rendre justice à un grand poète — son *Grabinoulor* est une des rares épopées modernes dignes de ce nom — et, du Cubisme au Surréalisme en passant par le Futurisme (importé d'Italie par Marinetti, mais également très vivant en Russie, avec Klebnikov et Maïakowsky), évoquer la multiplicité de nouveautés flamboyantes qui marque le premier tiers de notre siècle.

Il faut dire enfin que, dès 1916, Max Jacob (1876-1944) dans son *Cornet à dés*, paru en 1917, avait par avance donné de la « chose » nommée Surréalisme des illustrations qui lui vaudraient, à la fin de sa vie, la reconnaissance des survivants du mouvement. Mais à cet homme sans pesanteur, narquois et fervent (Juif, sa conversion au catholicisme ne lui évitera pas de mourir en martyr dans un camp nazi), nulle étiquette ne saurait convenir. Breton bretonnant dans ses poèmes de *La Côte* (1911) et dans ceux qu'il signe Morven le Gaëlique, mystique à mi-chemin du burlesque et de l'illuminisme dans *Saint-Matorel* ou *Visions infernales*, lyrique ému dans ses *Ballades* (1938), il égale La Bruyère dans *Cinématoma*, feuilletonnise avec génie dans *Filibuth* et, entre deux coq-à-l'âne, rédige des *Méditations religieuses* parfois dignes de Pascal.

Léon-Paul Fargue (1876-1947), lui aussi, fut surréaliste avant la lettre (*Tancrède*, 1895 ; *Poèmes*, 1912) par la « succulence intérieure » de sa langue anti-cartésienne, ses « clichages instantanés des érections du subconscient », et il revient à Pierre Reverdy (1889-1960) de donner, dès 1918, dans sa revue *Nord-Sud*, une définition de l'image poétique (qui doit naître du rapprochement fortuit de deux réalités aussi éloignées et différentes que possible) dont le Surréalisme — auquel il n'adhérera point — fera bientôt l'un des articles essentiels de sa charte. Tout comme Max Jacob et Fargue, Reverdy refuse de s'enfermer dans un système. Si les *Poèmes en prose*, *La Lucarne ovale*, *Les Jockeys camouflés* permettent de voir en lui un poète à la fois cubiste et surréalisant, son œuvre postérieure aux années 1920 — *Epaves du ciel*, *Ferraille*, *Le Chant des morts* (1951) — porte maintes empreintes romantiques et, tout ensemble spontanée et fortement structurée, éminemment visuelle, s'alimente sans cesse du réel le plus immédiat (« le poète est un four à brûler le réel ») non sans lui imposer des torsions pathétiques ou des stases absurdes, génératrices d'une angoisse qui est celle, déjà, dont l'*Etranger* d'Albert Camus subira le poids insupportable :

> Goutte à goutte le temps creuse ta pierre nue
> Poitrine ravinée par l'acier des minutes
> Et la main dans le dos qui pousse à l'inconnu

Les générations qui, tant avant qu'après l'étalement de la vague surréaliste, feront référence à Fargue, Cendrars et Reverdy, n'auront qu'une estime affectueuse pour André Salmon (1881-1969) qui oscilla entre l'épopée moderne *(Prikaz)* et les jeux de langage *(Vocalises)*. Elles seront encore moins tendres pour Jean Cocteau, sans comprendre à quel point la virtuosité et la ductilité de cet homme extrêmement doué avaient eu — de *La Lampe d'Aladin* (1909) à *Plain-Chant* (1923) en passant par *Le Cap de Bonne-Espérance* (1923) — de déterminant dans la conciliation du Classicisme et de la modernité. Les mêmes générations négligeront de même un Jean de Boschère avec quelque injustice, l'auteur de *Beale-Gryne* (1909), de *Job le Pauvre* (1922) et de *Satan l'Obscur* (1933) ayant introduit et entretenu dans la poésie française une sorte de feu sulfureux où s'entend le « grésillement de l'absolu ». En revanche, elles n'auront qu'admiration fidèle, à des titres divers il est vrai, pour de hautes figures comme Francis Ponge (1899-1989), Pierre-Jean Jouve, Jules Supervielle (1884-1960), Antonin Artaud (1896-1948) et Henri Michaux (1899-1984).

Ponge, opposant, dès 1926, ses *Douze Petits Ecrits* minutieux à la dictée surréaliste, appelle à une reprise en main des mots et des choses, s'interdit le chant et pratique une sorte de didactisme qui s'arrange, on ne sait comment, pour rendre insolite la réalité la plus objectivée.

Jouve, reniant, nous l'avons dit, son œuvre unanimiste de jeunesse, s'est « trouvé » en découvrant la psychanalyse et, dans l'inconscient, le moteur à la fois de l'érotisme, de la grâce et de la poésie. Son chef-d'œuvre, *Sueur de sang* (1933) s'ouvre sur une préface, *Inconscient, spiritualité et catastrophe*, qui est l'un des « manifestes » poétiques les plus importants du siècle, immédiatement suivi d'un bref poème démonstratif :

> Les crachats sur l'asphalte m'ont toujours fait penser
> A la face imprimée au voile des saintes femmes

mais, dès *Les Mystérieuses Noces* (1925), il s'était avancé fort loin, une Bible, un Freud et un Baudelaire en poche, dans le domaine même dont le Surréalisme commençait la visite somnambulique.

A la diction hautaine et savamment nouée de Jouve, Supervielle oppose une diction ingénue, familière qui, cependant, ne se prive pas de longs et amples ramages *(Débarcadères, Gravitations)*, mais ce compatriote de Lautréamont et de Laforgue (tous trois, Pyrénéens d'origine, sont nés en Uruguay) a, comme Jouve, très tôt trouvé le chemin des « grandes profondeurs » et, comme Apollinaire, le secret de transmuer en légende le plus prosaïque discours de la vie. Le rôle suprême qu'il accorde à la création poétique *(La Fable du monde)* et la fraternité humble et passionnée qu'il éprouve pour toutes choses vives ou inanimées *(Les Amis inconnus)* :

> Mon Dieu comme il est difficile
> D'être un petit bois disparu...

le désignaient à l'admiration des « poètes de Rochefort » (René Guy Cadou, Jean Bouhier, Michel Manoll, Jean Rousselot, Luc Bérimont, etc.) et de ceux qui prendraient leur relève comme ils avaient eux-mêmes pris la relève du Surréalisme en l'humanisant et végétalisant.

Avec Artaud, frère pathétique de Lautréamont, de Rimbaud et de Van Gogh, c'est au Surréalisme même qu'on prend part, mais aussi à une variété paroxysmique de mysticisme (rien à voir avec ses *Sonnets mystiques* de 1913) qui, bien au-delà des préoccupations esthétiques, intéresse la définition même de l'Etre. Purement surréaliste, Artaud ne l'est point dans *L'Ombilic des limbes* (1924) ou *Le Pèse-nerfs* (1927), dont l'étrangeté provocante et splendide reste dirigée, mais c'est sans doute lui, pourtant, qui donne — expérimentalement — à la convulsion surréaliste son profil spirituel le plus ambitieux.

Purement surréaliste, Henri Michaux ne l'est pas davantage bien qu'il aille, dès *Qui je fus* (1927) et *Mes Propriétés* (1932), aussi loin et plus encore que les Surréalistes — en prospecteur à la fois lucide et rageur — dans les tréfonds de l'inconscient et les labyrinthes de la vision onirique.

Après les précurseurs et les voisins, voici les acteurs mêmes de ce que G.-E. Clancier nomme justement « la révolte dadaïste et la conquête surréaliste ». « Cette guerre, écrira Tristan Tzara (1896-1963), ne fut pas la nôtre ; nous l'avons subie à travers la fausseté des sentiments et la médiocrité des excuses... Il s'agissait de fournir la preuve que la poésie était une force vivante sous tous les aspects, même antipoétiques. » Et Pégase devient « Dada »... « qui ne signifie rien ».

Pour être précis, le Dadaïsme prit naissance le 8 février 1916, à Zurich, et si Tzara en trouva le nom et en devint le porte-drapeau, Hugo Ball, Georges Ianco, Richard Huelsenbeck eurent quelque part à sa proclamation, laquelle rallia, dans les mois suivants, Marcel Duchamp (1887), Francis Picabia (1879-1953), Jean Arp (1887-1966), Philippe Soupault (1897-1990), Benjamin Péret (1899-1959) et quelques moindres éminences.

Tzara, qui avait écrit dans sa Roumanie d'origine des poèmes modernistes dont on n'aura que beaucoup plus tard une traduction française, publie en 1916 son premier texte dadaïste : *La Première Aventure céleste de M. Antipyrine*. Suivront, en 1919, *Vingt-cinq Poèmes* pareillement faits d'associations verbales systématiquement illogiques et de phonèmes imitatifs. Longtemps, Tzara poursuivra, avec une espèce de fureur épique, une œuvre de sape dont fait les frais le langage rationnel, tenu pour l'expression même d'une civilisation humaniste accusée de n'avoir engendré que violence, injustice et misère. Par la suite — à partir de *L'Homme approximatif* (1931) et de plus en plus délibérément jusqu'à *La Face intérieure* (1951) —, Tzara s'efforcera à concilier sa révolte initiale et sa foi fraternelle dans la révolution. En 1918, quand il publie le premier *Manifeste Dada*, et en 1919, quand il vient s'installer à Paris, cette initiale révolte est à son comble en lui. Tout de suite, sur un terrain qu'il a fécondé à distance, il devient le principal organisateur d'une grande aventure qui, pour reprendre une expression de G.-E. Clancier, a quelque chose d'une « guerre sainte contre l'ordre établi ». Ses compagnons d'aventure ont nom André Breton (1896-1966) Paul Eluard (1985-1952), Louis Aragon (1897-1982), Philippe Soupault (1897), Robert Desnos (1900-1945), pour ne citer que les principaux. René Lacôte le soulignera : « il n'y a pas de solution de continuité, pour la plupart des surréalistes, entre Dada et le Surréalisme ». On peut noter en tout cas que le premier texte surréaliste proprement dit, obtenu par le procédé de l'écriture automatique — *Les Champs magnétiques*, d'André Breton et Philippe Soupault —, paraît en 1919 dans *Littérature*, l'année même ou Tzara importe le Dadaïsme en France, et que la définition du Surréalisme ne sera donnée par André Breton, dans le *Premier Manifeste*, qu'en 1924 : « Surréalisme, nom masculin : Automatisme psychique pur par lequel on se propose d'examiner, soit verbalement, soit par écrit, soit de toute autre manière, le fonctionnement réel de la pensée. Dictée de la pensée, en l'absence de tout contrôle exercé par la raison, en dehors de toute préoccupation esthétique ou morale. »

André Breton a commencé par des poèmes mallarméens ; ami d'Apollinaire et de Valéry, il a découvert les travaux de Freud en 1915 et reçu la révélation de « l'humour noir », en 1916, d'un de ses amis, Jacques Vaché (1896-1919), surréaliste à l'état sauvage mais fortement influencé par Jarry.

Dès son premier recueil, *Mont de Piété* (1919) — suivront *Clair de terre* (1923), la grande prose de *Poisson soluble* (1924), le roman poétique de *Nadja* (1928) et l'espèce de cantique d'amour de l'*Union libre* —, Breton donne la mesure de ses ambitions et de sa capacité de les accomplir. Grand poète, c'est certain, mais qui ne se départit jamais d'un sens critique exigeant, voire d'un impétueux didactisme. Si perturbantes que soient telles de ses images :

> Ma femme à la chevelure de feu de bois...
> Au sexe de glaïeul...

on a peine à croire qu'elles n'ont pas été imperturbablement conçues.

Curieusement, c'est dans sa prose *(Les Vases communicants, Nadja,* les *Manifestes)* qui a la majesté hautaine et veloutée de celle de Chateaubriand, que Breton s'approche au plus près de sa conception « convulsive » de la beauté. Cet hyper-romantique passionnément épris de merveilleux compte en vérité par trop sur la technique surréaliste (le rêve provoqué, l'écriture automatique) pour déclencher les « court-circuits » inspirateurs.

Paul Eluard eut bien plus de naïveté, au sens pur du terme, et ses poèmes les plus aventurés — *Capitale de la douleur* (1926), *La Vie immédiate* (1932) — durent à cela leur pouvoir de conviction. A cette naïveté, il joignait une bonté, une séduction naturelle et une sereine vocation du bonheur, enfin une tendresse et une sensualité toujours en éveil, qui ne pouvaient que rendre concrète et transmissible sa « surréalité ». Au surplus, à travers l'Unanimisme informel auquel il avait sacrifié dans ses généreux poèmes de guerre — *Le Devoir et l'inquiétude* (1917), *Poèmes pour la Paix* (1918) —, Eluard n'avait pas oublié les leçons classiques de ses débuts ; il y revient souvent, même dans les phases les plus automatiques de sa création, et donne ainsi à ses trouvailles inconscientes un support harmonieux qui garde les traditionalistes de s'en effaroucher :

> Inconnue elle était ma forme préférée
> Celle qui m'enlevait le souci d'être un homme
> Et je la vois et je la perds et je subis
> Ma douleur comme un peu de soleil dans l'eau froide

Aragon, qui pratiquera toutes les poétiques avec un égal bonheur donne, dès 1920, dans *Feu de joie*, l'exemple d'un automatisme « perpétué par la cadence ». Après avoir dit, dans *Le Paysan de Paris* (1926), dont la prose nerveuse et étincelante a quelque chose du XVIIIe, que « le vice appelé Surréalisme est l'emploi déréglé et passionné du stupéfiant-image », il a beau se laisser aller à pratiquer ce vice et se complaire, dira Breton, à une « fabulation magico-romanesque » qui lui permet de détecter « l'insolite sous toutes ses formes », il ne cesse d'ouvrir l'œil pour savoir où le mènent « les mots qui l'ont pris par la main ». Aussi bien ne voit-on guère d'ivresse hasardeuse dans des rapprochements comme :

> Le gouvernement venait de s'abattre
> Dans un buisson d'aubépines

mais plutôt une délibération, à la fois poétique et politique. Cette conjonction s'imposera de plus en plus à un poète bouillant et fringant qui ne peut voir la révolution sans romantisme, et ce sera, d'une part, l'adhésion au Parti communiste, d'autre part, la rupture avec le Surréalisme orthodoxe, enfin les grands manifestes lyriques d'*Aux enfants rouges* (1932) et d'*Hourra l'Oural* (1934).

Soupault, « comme sa poésie, extrêmement fin, un rien distant, aimable et aéré », dira Breton, s'était tout de même avancé avec celui-ci, aussi résolument qu'il était possible, dans des « champs magnétiques » qui ne se voulaient rien moins que « fins » et « aimables ». Mais, dès *Rose des vents* (1920), il est vrai qu'il prit avec le Surréalisme les « distances » d'un franc-tireur sentimental et pudique. De même Desnos, qui s'était passionnément livré à la « vague des rêves » et avait renchéri en surréalisme flamboyant sur ses aînés dans *Rrose Sélavy* (1922), allait-il assez vite céder à sa nostalgie de la diction classique et à son goût pour la poésie populaire, alors qu'un Benjamin Péret (1899-1959) resterait le frénétique émancipateur du langage que Breton saluait en lui après la publication de *Il était une boulangère* (1925) et qu'un Joë Bousquet (1897-1950) s'engagerait dans une autofabulation nervalienne et mystique — *La Fiancée du vent* (1928), *Il ne fait pas assez noir* (1932) — qui ne prendrait fin qu'avec sa vie immobile de grand invalide de guerre.

Autres grandes figures de ce Surréalisme qui, nous l'avons suggéré, s'épanouit en maintes directions mais reste le plus important soulèvement que l'histoire poétique française ait enregistré depuis le Romantisme : René Crevel (1900-1935), Jacques Prévert (1900-1977), Raymond Queneau (1903-1976), Michel Leiris (1901) et, surtout, René Char (1907-1988).

Crevel, qui écrivit peu de poèmes, bourra ses romans et ses essais — *Détours* (1924), *L'Esprit contre la raison* (1927), *Les Pieds dans le plat* (1933) — d'une substance à la fois explosive et élégante puis se suicida pour fuir la contradiction « rêve-action » que son surréalisme intransigeant n'avait pu résoudre. Prévert poussa quant à lui la tendance satirique et anarchiste du Surréalisme à son comble et fit beaucoup pour populariser celui-ci avec sa fameuse *Tentative de description d'un dîner de têtes à Paris-France* (1931). Queneau creusera la même veine sarcastique et bouffonne (dont un Jarry, un Max Jacob et un Arthur Cravan (1881-1912) avaient déjà tiré profit) tout en s'éloignant de la médiumnique fontaine surréaliste qu'il n'avait pas peu contribué à nourrir dans les années 1924-1929. Leiris s'en éloignera lui aussi vers 1930, après avoir été l'un de ses pourvoyeurs les plus fervents *(Simulacre, Le Point cardinal)*, pour tenter de « retrouver la source première » dans les rituels érotico-magiques qu'il explore partout dans le monde et auxquels il ne craint pas d'ajouter.

Char, qui fut strictement surréaliste jusqu'en 1934 *(Artine, Le Marteau sans maître)*, allait réaliser parfaitement une conjonction apparemment impossible entre la dictée de « l'inconscient qui cause », comme disait Corbière, et la diction volontaire la plus surveillée, dont un Mallarmé avait donné l'exemple. C'est lui qui a le plus sûrement décelé le fondement initiatique du Surréalisme en allant en chercher des témoignages chez Hérodote et Héraclite, et il l'a noblement entretenu dans une œuvre, à la fois concrète et sibylline, dont les images fulgurantes ont une haute résonance morale.

Chapitre IX

UN HÉRITAGE ANTHUME
ET PARFOIS CONTESTÉ

Dès 1930, Louis Aragon constatait, dans la revue belge *Variétés*, que l'activité de la pensée surréaliste entrait dans une voie de stagnation. « Le mouvement est fini », disait Georges Ribemont-Dessaignes dans *La Nouvelle Revue française* en 1932. La même année, une jeune revue, *Jeunesse*, animée par Jean Germain et Jean Rousselot, aboutissait à la même conclusion après la publication simultanée de *La Vie immédiate*, d'Eluard, de *Où boivent les loups*, de Tzara, et de *Le Revolver à cheveux blancs*, de Breton. Mais si les livres de ces « trois grands esprits du Surréalisme » lui semblaient être la « liquidation » de celui-ci, l'éditorialiste de *Jeunesse* — Louis Parrot (1906-1948) — n'en considérait pas moins que le but du Surréalisme restait « le seul acceptable ». Pour ces jeunes gens et pour tous ceux de leur génération qui avaient le sentiment d'aborder une époque confuse, « Péret-le-destructeur, Eluard-le-feu, Breton et ses rares amis », même s'ils s'immobilisaient, continuaient d'illuminer la route. Aussi bien, ces illuminateurs, auxquels l'équipe de *Jeunesse* adjoignait, d'une part, Antonin Artaud pour son *Théâtre de la cruauté*, d'autre part, René Daumal (1908-1944), Roger Gilbert-Lecomte (1907-1943) et leurs amis du « Grand Jeu » (1928-1931), dont « les enquêtes sur la métaphysique expérimentale » leur paraissaient au moins aussi intéressantes que les simulations de la démence tentées par Breton et Eluard *(L'Immaculée conception)*, allaient-ils continuer, jusqu'en 1940 et au-delà, d'exercer un grand prestige sur beaucoup de poètes.

L'activité surréaliste proprement dite se ranimait, du reste. Si *Le Surréalisme au service de la Révolution* cessait de paraître en 1933, une autre revue, *Le Minotaure*, prenait son relais pour le garder jusqu'en 1938. Des poètes d'obédience surréaliste aussi ancienne et certaine que Maxime Alexandre (1901-1976), et Maurice Blanchard (1890-1960) donnaient le meilleur d'eux-mêmes tandis que leurs chefs de file ajoutaient à leur œuvre des livres majeurs, tels, en 1936, *Je ne mange pas de ce pain-là* (Péret), en 1937, *L'Amour fou* (Breton), *L'Evidence poétique* (Eluard) et, en 1938, *Cours naturel* (Eluard), *Dehors la nuit est gouvernée* (Char). On voyait même apparaître de nouveaux surréalistes orthodoxes, entre autres la très jeune Gisèle Prassinos, qui publiait *La Sauterelle arthritique* en 1935, et toute une floraison de petits-maîtres surréalistes.

Avec *Jeunesse* (1932-1935), le groupe et la revue *Sagesse* (1930-1935) animés par Fernand Marc (1900-1979), la revue *Le Dernier Carré* (1935-1936), animée par Fernand Marc et Jean Rousselot, la revue *Soutes* (1936-1939), animée par Luc Decaunes (1913), la revue *Messages* (1938-1939), animée par André Silvaire puis par Jean Lescure (1912), et la revue *Mythra*, fondée à Alger par Charles Autrand, qui, reprise par Max-Pol Fouchet (1913-1980), deviendra *Fontaine* en 1939, portent le plus ample témoignage des efforts que les héritiers du Surréalisme font pour en assumer partiellement ou totalement les impératifs tout en cherchant leur propre voie au cours d'une décennie à laquelle la montée du fascisme, la victoire et l'échec du Front populaire, la guerre civile espagnole et le début de la seconde guerre mondiale ôtent peu à peu toute faculté de distanciation esthétique. La difficulté croissante de concilier ces impératifs — « changer la vie » (Rimbaud), « changer le monde » (Marx) — sur lesquels les Surréalistes eux-mêmes se sont divisés — provoque l'éclatement du *Dernier Carré* et explique l'intestine disparité de *Soutes*, si résolue que se veuille cette revue à mener de front action poétique et action révolutionnaire (1).

Cette décennie 1930-1940 voit par ailleurs grandir des poètes, déjà connus, qui ne devaient rien ou fort peu au Surréalisme, tels Ivan Goll (1891-1950), qui donne un ton à la fois magique et populaire à *La Chanson de Jean sans terre* ; Robert Ganzo (1898), explorateur mélodieux de toutes les préhistoires ; Norge (1898) qui, en vers classiques, chante gens et choses avec une fantaisie inventive et bourrue ; Gabriel Audisio (1900-1975), Ulysse moderne teinté d'Unanimisme ; Louis Brauquier (1900-1976), dont *Le Pilote* est digne de Coleridge.

Dans le même temps, surgissent de nouveaux poètes qui tournent plus ou moins délibérément le dos au Surréalisme. Jacques Audiberti (1899-1965) impose en 1930, avec *L'Empire et la Trappe*, son hugolisme forcené coulé dans une impeccable prosodie. La même année, Maurice Fombeure (1906-

---

(1) *Bifur, Commerce, La Nouvelle Revue française, Les Cahiers du Sud*, de Marseille, où Joë Bousquet et Léon-Gabriel Gros (1905) tiennent chronique, *Regains*, la revue jarnacoise de Pierre Boujut (1913), qui deviendra *La Tour de feu*, les rodéziens *Feuillets de l'Îlot* de Jean Digot (1912), le bruxellois *Journal des Poètes, Anthologie*, la revue liégeoise de Georges Linze (1900), et *Les Cahiers du Nord*, de Charleroi, reflètent également la richesse et les mutations de cette période.

1980) déclare : « La poésie est devenue trop difficile... avec les Surréalistes, c'est devenu une névralgie aiguë et continuelle » et, puisant au « vieux fonds toujours jeune des complaintes et des chansons populaires », commence une œuvre — *Silences sur le toit* (1930), *Les Moulins de la parole* (1936) — tendre, terrienne et fantaisiste. En 1931, Edmond Humeau (1907) esquisse dans *Maintenant* le lyrisme baroque et paysan qui portera sa marque. En 1932, évangélique et révolté, Adrian Miatlev (1910-1965) conclut avec le monde des idées et des lois une *Paix séparée*. En 1933, Pierre Morhange (1901-1970) chante le réel le plus immédiat dans *La vie est unique* et Jean Follain (1903-1973) donne, dans *La Main chaude*, la mesure de son talent d'imagier métaphysique, à la fois simple et profond. La même année, Raymond Datheil (1905) fait entendre, dira Jean Cassou, « les raisons des racines et les élans des sèves » dans ses *Signatures naturelles* et la critique hostile au Surréalisme salue comme un événement la fluide, l'envoûtante *Quête de joie* de Patrice de La Tour du Pin (1911-1975), jeune poète fortement empreint de spiritualité catholique. En 1935, Jean Cayrol (1911) exalte les odeurs et les couleurs du réel dans *Ce n'est pas la mer*. En 1936, Louis Guillaume (1907-1973) chante l'*Occident* sur le mode whitmanien. En 1937, Michel Manoll (1911-1984) apparaît, dans *La Première Chance*, comme un élégiaque reverdyen et René Guy Cadou (1920-1951) lance ses *Brancardiers de l'aube* vers « les choses usuelles », le « règne végétal ». En 1938, Lucien Becker (1912-1980) charge son *Passager de la terre* d'un pathétique fardeau existentiel et Guillevic (1907) annonce, avec son *Requiem*, le poète réaliste, concis et chaleureux, qu'il deviendra. En 1939, Pierre Seghers (1906-1987) affirme, dans *Bonne Es-*

pérance, sa fraternelle attention au monde des hommes et crée, en Avignon, la revue *Poètes casqués* qui, devenue *Poésie 40* (et la suite) sera, comme *Confluences* à Lyon, *Les Cahiers du Sud* à Marseille, l'*Ecole de Rochefort* en zone Nord et *Fontaine* à Alger, un des hauts lieux de liberté. Encore en 1939, Alain Borne (1915-1962), dont l'œuvre s'inscrira dans l'histoire de la poésie amoureuse, est entré en lice avec *Cicatrices de songes*. Enfin, en 1940, Pierre Emmanuel (1916-1984) publie des *Elégies* marquées de spiritualité chrétienne. Sa révélation précède de peu celle d'André Frénaud (1907) avec *les Rois mages*, à la fois réalistes et métaphysiques, écrits juste avant la guerre puis en captivité (1943). Mais nous anticipons...

Toutes les œuvres postérieures à 1940 sont en effet étudiées par Pierre de Boisdeffre dans *Les poètes français d'aujourd'hui* (même collection que le présent ouvrage). Du même auteur, on consultera également l'*Histoire de la littérature de langue française des années 30 aux années 80* (volume Poésie-Idées). Une approche plus précise sera permise par les travaux de Serge Brindeau *(Poésie contemporaine de langue française)*, de Bernard Delvaille *(La nouvelle poésie française)* et, surtout, par le dernier volume, *Métamorphoses et modernité* (1989), de la monumentale et minutieuse *Histoire de la poésie française* de Robert Sabatier. Les ouvrages de Georges-Emmanuel Clancier *(Dans l'aventure du langage)* et les nôtres *(Nouveaux poètes français)* aideront de même à voir avec quelle diversité les poètes ont prolongé, renouvelé ou contesté, au cours des cinquante dernières années, les conquêtes antérieures.

BIBLIOGRAPHIE

ÉTUDES D'ENSEMBLE

Brindeau (Serge), *La Poésie contemporaine de langue française depuis 1945*, Saint-Germain-des-Prés, 1973.
Boisdeffre (Pierre de), *Les Poètes français d'aujourd'hui*, P.U.F. 1973.
Boisdeffre (Pierre de), *Histoire de la littérature de langue française*, Perrin, 1985.
Bruneau (Charles), *Petite Histoire de la langue française*, A. Colin, 1965.
Clancier (Georges-Emmanuel), *De Rimbaud au Surréalisme*, Seghers, 1970.
Clancier (Georges-Emmanuel), *De Chénier à Baudelaire*, Seghers, 1970.
Clancier (Georges-Emmanuel), *Dans l'aventure du langage*, P.U.F., 1987.
Hugnet (Georges), *L'Aventure Dada*, Seghers, 1971.
Mounin (Georges), *Camarade Poète*, Galilée, 1979.
Ponge (Francis), *Pour un Malherbe*, Gallimard, 1970.
Rousselot (Jean), *Mort ou survie du langage*, Sodi, 1968.
Rousselot (Jean), *Dictionnaire de la poésie française contemporaine*, Larousse, 1968.
Rousselot (Jean), *Nouveaux poètes français*, Seghers, 1965.
Sabatier (Robert), *Histoire de la poésie française*, Albin Michel, 1975-1989.
Seghers (Pierre), *La Résistance et ses poètes*, Seghers, 1974.

QUELQUES MONOGRAPHIES

Caillois (Roger), *Poétique de Saint-John Perse*, Gallimard, 1954.
Caradec (François), *Isidore Ducasse, comte de Lautréamont*, La Table Ronde, 1970.
Emmanuel (Pierre), *Baudelaire*, Desclée, 1967.
Mounin (Georges), *Avez-vous lu Char?*, Gallimard, 1969.
Parrot (Louis), *Éluard*, Seghers, 1948.

QUELQUES ANTHOLOGIES

Arland (Marcel), *Anthologie de la poésie française*, Stock, 1960.
Bédouin (Jean-Louis), *La Poésie surréaliste*, Seghers, 1970.
Blanchard (André), *Trésor de la poésie baroque et précieuse*, Seghers, 1969.
Bosquet (Alain), *La Poésie française depuis 1950*, La Différence, 1979.
Decaunes (Luc), *La Poésie parnassienne*, Seghers, 1977.
Decaunes (Luc), *La Poésie romantique française*, Seghers, 1973.
Delvaille (Bernard), *La Poésie symboliste*, Seghers, 1971.
Delvaille (Bernard), *La nouvelle poésie française*, Seghers, 1974.
Imbert (Jacques), *Anthologie des poètes français*, Le Livre de poche, 1985.
Orizet (Jean), *Anthologie de la poésie française*, Larousse, 1989.
Seghers (Pierre), *Livre d'or de la poésie française*, Marabout, 1969.

TABLE DES MATIÈRES

Chapitre Premier.	— Naissance d'une langue et d'une poésie	3
— II.	— Du savoir-faire au lyrisme	17
— III.	— La Renaissance est le triomphe de la vie	22
— IV.	— Le Classicisme, une majesté une et diverse	39
— V.	— Un désert « éclairé », le dix-huitième siècle	57
— VI.	— Le Romantisme, une insurrection de l'âme	63
— VII.	— Du marbre du Parnasse au « soluble dans l'air »	82
— VIII.	— Raison ardente et mystère en fleur	98
— IX.	— Un héritage anthume et parfois contesté	122
Bibliographie		127